被災ママに学ぶちいさな防災のアイディア40

アベナオミ

東日本大震災を被災したママ・イラストレーターが3・11から続けている「1日1防災」

Gakken

はじめに
はじめまして！防災士でイラストレーターのアベナオミです
生まれも育ちも宮城県 現在も在住
アベナオミファミリー
夫 東日本大震災当時は海のすぐそばの会社にいた
長男 豆キチ 1才半の時に被災したので全然おぼえてない
小1
次男 アンチョビ 現在1才 大きな地震は未経験
シロ となりの家のネコ 日中はウチにあそびにくる
私が生まれ育った宮城県はもともと地震が多く地震に強い県民性
あ 地震？
またか
ぐら
ぐら
震度2ってとこかな
ゴゴゴゴ〜
地鳴り
30年以内に99％の確率で「宮城県沖地震」が発生すると言われて育ちました
防災教育は小学生くらいからはじまり
今日の宿題！
おうちの人から宮城県沖地震のお話を聞いてくること
宮城県沖地震
はーい
お母さんって前の地震のときどこにいたの？
夕方だったよね？
高校生だったわよ 実家の茶の間でナゾの円盤UFOっていうドラマを見ていたらグラッときてね 茶箱が落ちてきたのよ

2003年の宮城県北部地震は最大震度6強
マジ怖かった〜
学生の時
新婚時代
あわあわ
2008年の岩手宮城内陸地震も最大震度6強などなど大きな地震を経験し
なんか大きな地震がきても電車が遅れるくらい
宮城県沖地震がきてもあんまり怖くないかもなあ
と思っていました
モノが落ちたこともほとんどないし…
2011年3月11日14時46分東日本大震災発生
それは、想像を絶する大きな地震でした
しかも、まさか千年に一度の大地震が
1歳半の息子がいるときにくるなんて想定外だよ!!
被災後に待っていたのは
ああ、震災前のわたしよ！どうして割れものをこんなところに
シーン
サボテンが床にダイブ
もうすこし日持ちする食べものを買っておくんだった
充電10分するために役場へ
ケータイのバッテリーの専用充電器をなぜ買っておかなかった!?
震災前の自分への後悔でした
本当に、ほんの少しだけ気をつけていればよかったことだらけだったのでした

ふぁ〜
いつもと変わらない
いつもどおりの日の
はずだった
2011年3月11日（金）
今日さむいから
車で会社 いくね
いってらっしゃ〜い
おあずかりしま〜す
あ
風は真冬のように冷たく
今にも雪が降りそうでした
白鳥やカラス、
スズメなどの鳥が
いっせいに地面から
飛び立った瞬間
あれ？横風？
ハンドルが
取られる！
わたしは車の中で
その瞬間を迎えました

1

被災ママの
体験から考える防災

今日その瞬間がきたらどうする？

東日本大震災直後
や…やっと止まった
これ絶対に宮城県沖地震だよ
え？
ブルブル
ど、どうしよう
このときわたしは利府町の農道豆キチは同町の保育園ダンナは隣の塩釜市の会社と家族はバラバラ
大地震のときの対応って保育園で聞いたことない
そのとき起きたこと①
いざ大地震が起きたとき、どうしたらよいのかわからなかった
保育園よりも自宅のほうが近いからまずは自宅が大丈夫か見てから迎えに行こう
被災場所
自宅アパート
保育園
自宅はまるでバーテンダーにシェーカーでふられたあとのよう
電気も止まってるし…
ダブルロックの窓はすべて揺れではずれていました
窓全開!?
なんで!?
よし、ガラスは全部拾ったかな……充電式クリーナーがあってよかった
玄関の割れた照明や台所の割れた皿などを片づけてから保育園へ向かいました
ここまでくる途中、どんな感じでしたか？道路とかってちゃんと通れました？
みんなのママお迎えにこれるかな
外のことぜんぜんわからなくて…
津波って本当にきてるんですかね？
豆キチー!!
そのとき起きたこと②
まったく情報が手に入らず近所の状況すらわからなかった

その後わたしは豆キチと隣の多賀城市にある実家へ向かいました
みんな無事かなー
フミキリが開かなくなり人力でバーを上げて通っている
実家では母と祖母が全力で片づけをして夜寝る場所を確保していた
あれ?お父さんは?
お父さん(消防士)はもう出勤したから!!
数日帰ってくるかわからないよ
ダンナさんは大丈夫なの?
会社、海のそばでしょう?
え?本当に津波きてるの?
カーナビでニュース見てきなさい!
は、はーい
孫のために買った新車のワゴン
え
何コレ?
名取市上空からの映像です!! 海面に白く見えるすじは津波かとおもわれます!! すぐに避難をしてください!!
名取市上空
LIVE
仙台港で10mの津波が観測されました!! 仙台港で
仙台港で10m!?
ダンナの会社
塩釜港のすぐそばだよ!!
迎えに行かなきゃ!
ラジオもってけ!!
ここからはもうパニック状態
今思えば……
子どもを車に乗せて海のほうへ向かうなんて信じられませんが
そのときはただダンナが無事かどうかで頭がいっぱいだったのです
お茶をもっていきな
そのとき起きたこと③
津波のおそろしさを知らず、危険に身をさらしていた

母からラジオとペットボトルのお茶を手渡され
気をつけていきなさいよ
車でダンナの会社に向かいました
ダンナの会社までのルートは2つ山側ルートと海側ルート
塩釜市
ダンナ
塩釜港
多賀城市
山側の道
くねくね
実家
海側の国道45号
早く着く
こっちも海
海側のほうが運転楽だけど
この地震だもん大渋滞だよなー
山側ルートで行くか
実はこの選択こそ命にかかわる大きな選択
このとき海側ルートには津波が襲いかかっていたのです
命拾いしたとはつゆ知らず塩釜港へ向かったわたしたち
信号がついてなくてコワイ!!
キキッ
しかしあと数百メートルのところで通行止め
津波きてまーす
ひき返してください
うーんダンナ大丈夫かなあちゃんと高いところに逃げたかな……
とにかく家に戻って帰りを待つしかないか……
あれ?コンビニに人がたくさん
コンビニ 24

震災発生から2時間ほどでコンビニやスーパーには行列ができていた
ゴゴゴゴゴ…
ああ、日が暮れてきちゃった
さむい…
スーパーで手に入ったのはおにぎり2つ明かりはランタンひとつとペンライト余震の続くなかこれだけが頼りでした
電気がないから石油ファンヒーターもエアコンも使えないバッテリーを持っていなかったのでスマホの充電ができない
つけてー
シーン
唯一の情報源は母から渡されたラジオだけしかしうちには買い置きの乾電池がほとんどなく「いつ切れるのか」ヒヤヒヤしていました
そのとき起きたこと④
停電でまっ暗になり家電はすべて使えなかった
まっ暗な夜がやってきた
かっちゃー(おかあさん)
とっちゃーは?(おとうさん)ないなー?(いないの?)
んー今はいないねーきっと帰ってくるから大丈夫だよ
寒いからもう寝ようね
うん

ずっと揺れてる
テレビもダメ パソコンもダメ 停電って こんなに何もかも 使えなく なるのか……
○○病院に避難している方の名前を読みあげます
もうすぐ10時か…… ダンナ 生きてるかなぁ 今日帰って くるのかな
メールも 届いてるか わからないし 電話も つながらないし
もしも 帰ってこなかったら どうしよう……
じわっ
ガチャ
ガタン
ただいま～
ダンナ!?
生きてた!?
ただいま
玄関に立っていたのは くつが泥だらけのダンナでした
よかったー もうダメかと 思った
すぐに近くの 小学校に逃げたん だけどさ…… 水が引いたあと 会社を 見にいったら
すごいヘドロで
ガクッ
たぶん車は ダメだと思う 今日に限ってなんで 車で会社に 行ったんだろう
車検通した ばっかり だったのに……
はぁ～ もったいない…

豆キチは？
もう寝てる
電気つかないから早く眠ったよ
明日には電気くるかな？水は溜めたほうがいいかな？
タンクとかうちにないよ
ガスはプロパンだからしばらくは大丈夫かな
まあとりあえず空のペットボトルに水を入れておこう
ジャーーー
そのとき起きたこと⑤
水を溜めておかなかったせいで、後々深刻な水不足に
今日はすぐに逃げられるようちゃんと服を着て寝るよ
そうだね……またでっかいのがきたら困るし
来週から保育園開くかなあ？
大丈夫じゃない？
まだなんとなく週明けにはいつもの生活に戻れる気がしていました
今入ってきた情報です！仙台市若林区荒浜で百人から二百人の遺体が発見されました!! くり返します!!
えっ？
何て？
もしやこれはとんでもなく大きな災害なのでは？スーーッと血の気が引いていきました

そして翌朝から
被災生活が
はじまりました
電化製品が
すべて止まった
静か過ぎる朝
シーーーーン
さすがにまだ
電気は
きてないか
シーン
とりあえず
お湯でも沸かして
お茶でも入れよう
くぃ くぃ
シーーン
断水
してる
Oh!! NO!!
大丈夫だと
思ったのに……
トイレの
水どうしよう!?
あぁ……
昨日のわたしよ
どうしてお風呂に水を
溜めなかった……
えっ……
トイレ
どうしたら
いいの?

このときできた被災時のわが家のトイレルール
・小のときは流さない
・トイレットペーパーはゴミ箱へ
・大のときはタンクにバケツで2杯（8L）入れてから流す
トイレットペーパーはまだあるから大丈夫
問題は水!!
今うちにある水はこれだけ
ペットボトル3本っすよ！
もう手を洗ったり歯を磨いたりは
再利用するしかないでしょー
くちゃ くちゃ
ねーもうさあ避難所行こうよ
ライフラインが復旧するまで避難所にいようよ～
トイレもあるだろうしごはんも出るんじゃない？
阪神大震災のときTVで見たじゃん みんな学校の体育館にいるのを
豆キチを連れて？知らない人がたくさんいる場所で寝泊まりするの？どんな人がいるかわからないし……夜泣きしたら周りに迷惑だし……
というか！豆キチ、ハウスダストアレルギーだし
絶対に無理！
えー……でも……
……
う――ん…
そのとき起きたこと⑥
夫婦で避難に対する意見が合わなかった

夫婦で話し合い
とりあえずは
自宅にとどまる
ことになった
ものの……
ライフラインは
1週間くらいで
復旧するかなぁ
これから
どうする？
ごはん作れ
ないでしょ？
いやごはんは
プロパンガスが
あるから
どうにかして
作るよ
すぐ無理って
言わないで!!
じゃあオレ豆キチと役場に
行って様子を見てくるよ
オレの
車ないから
車使っていい？
水とかなにか
もらえる
かも…
あ……私の車
ガソリンなくて
給油しようと
思ったときに
地震きちゃって
そのとき起きたこと⑦
ガソリンが少なかったため、
移動するのが大変だった
なら
歩いていくよ
行ってきまーす
よし片づけだ！
なんとかして
米も炊こう！
……
これから
どうなっちゃうんだろう

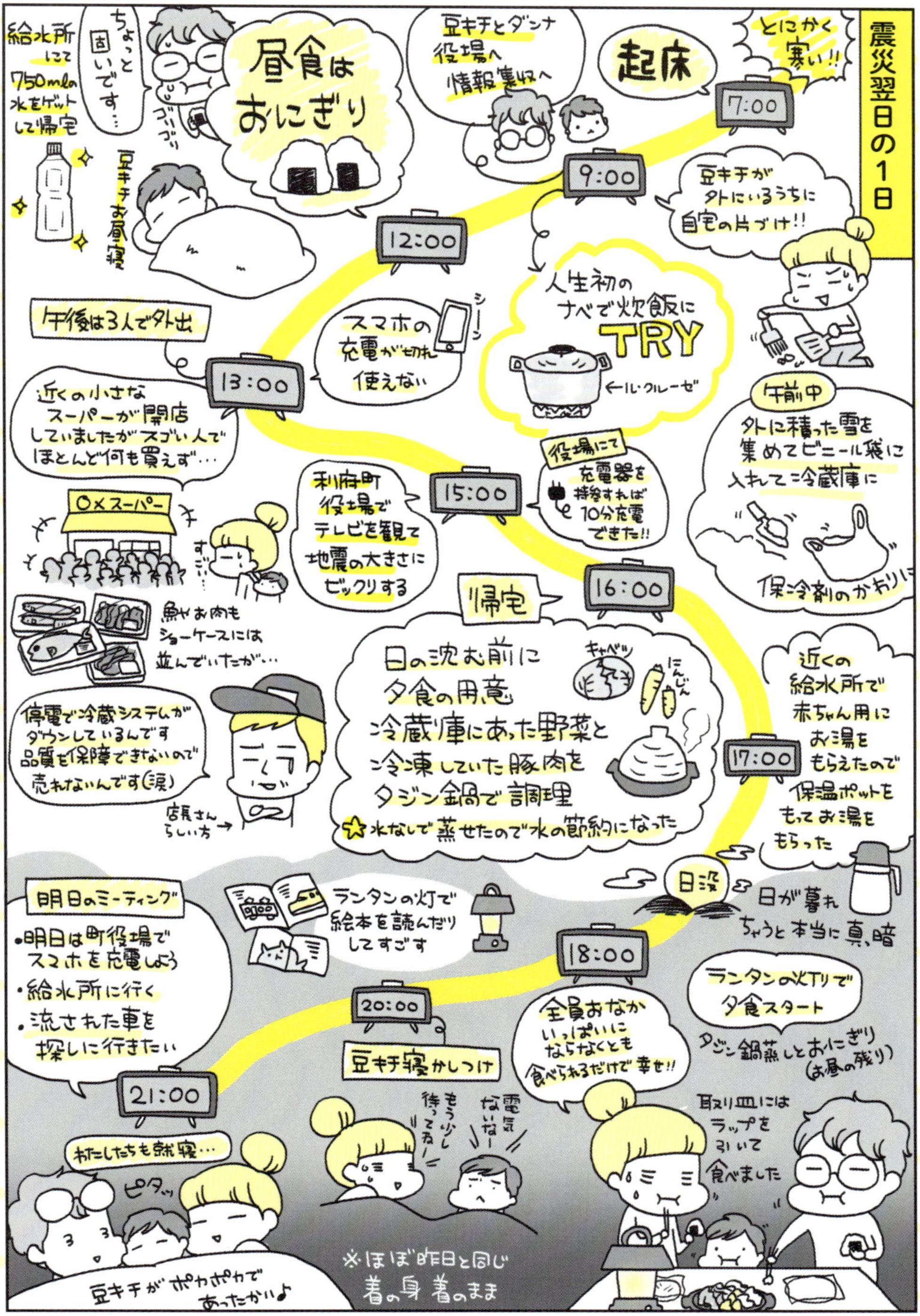

震災翌日の1日
7:00
起床
とにかく寒い!!
9:00
豆キチとダンナ役場へ情報集収へ
豆キチが外にいるうちに自宅の片づけ!!
人生初のナベで炊飯にTRY
←ルクルーゼ
午前中
外に積った雪を集めてビニール袋に入れて冷蔵庫に
保冷剤のかわりに
12:00
昼食はおにぎり
ちょっと固いです…
ゴリゴリ
給水所にて750mlの水をゲットして帰宅
豆キチお昼寝
13:00
午後は3人で外出
スマホの充電が切れ使えない
シーン
近くの小さなスーパーが開店していましたがスゴい人でほとんど何も買えず…
○×スーパー
すご…
魚やお肉もショーケースには並んでいたが…
停電で冷蔵システムがダウンしているんです 品質を保障できないので売れないんです(涙)
店長さんらしい方→
15:00
利府町役場でテレビを観て地震の大きさにビックリする
役場にて
充電器を持参すれば10分充電できた!!
16:00
帰宅
日の沈む前に夕食の用意 冷蔵庫にあった野菜と冷凍していた豚肉をタジン鍋で調理
キャベツ
にんじん
☆水なしで蒸せたので水の節約になった
17:00
近くの給水所で赤ちゃん用にお湯をもらえたので保温ポットをもってお湯をもらった
日没
日が暮れちゃうと本当に真っ暗
18:00
ランタンの灯りで夕食スタート
タジン鍋蒸しとおにぎり(お昼の残り)
全員おなかいっぱいにならなくとも食べられるだけで幸せ!!
取り皿にはラップを引いて食べました
ランタンの灯で絵本を読んだりしてすごす
20:00
豆キチ寝かしつけ
もう少し待っててね―
電気ないなー
明日のミーティング
•明日は町役場でスマホを充電しよう
•給水所に行く
•流された車を探しに行きたい
21:00
わたしたちも就寝…
ピタッ
豆キチがポカポカであったかい♪
※ほぼ昨日と同じ着の身着のまま

そのとき起きたこと①

いざ大地震が起きたとき、どうしたらよいのかわからなかった

地震発生時の対応をシミュレーション

東日本大震災発生時、わたしは車を運転中で夫は会社、子どもは保育園にいました。

地震発生時の対策というと、自宅での身の守りかたを思い浮かべる人も多いと思います。でも、実際は、いつどこにいるときに起きるかわからないのが災害です。

朝、昼、夜、日々のあらゆる瞬間にあらゆる場所で、地震がくる可能性があるのです……と言うと「怖い！」と感じてしまうかもしれませんが、何も起きていないときにこそ、できることがあります。

それは、いろんな時間、場所でその都度「今、地震が起きたら、まずどうしたらいいんだっけ？」とゲーム感覚で考えてみることです。

今いる場所、今の時間での地震発生シミュレーション、ぜひやってみてくださいね。

そのとき起きたこと②

まったく情報が手に入らず 近所の状態すらわからなかった

災害が起きたとき命を守るのは情報

日本中で生中継された、東日本大震災の津波。海岸を走っている車に向かって「何で海のほうへ行くの！」と叫んだ人も多いと思いますが、被災地にいたわたしたちは、大津波が向かっていることなどまったく知りませんでした。災害時、電話やネットがつながらないとき、一番頼りになったのはラジオでした。

そのとき起きたこと③

津波のおそろしさを知らず危険に身をさらしていた

住んでいる地域の危険を知っておく

1100年前に
貞観地震ってのが
あったのかー

沿岸部が津波に襲われていると聞いたとき、わたしは《とにかく海のそばで働いている夫を助けに行かなくては》と思いました。地震に慣れている宮城県民でさえ、津波のおそろしさを理解していなかったのです。

地震の際、沿岸部では津波が、山では土砂崩れが起こる可能性があります。都心の場合は火災の危険についても考える必要があるでしょう。自宅の備蓄や避難所を確認していたとしても、その場所にいること自体が危険である場合もあるのです。

地震が発生したとき、そのあと、どういった危険があるのかを知ることこそ防災の基本です。

また、今住んでいるエリアの過去に起きた災害も参考になります。仙台市街が海から離れた場所にあるのはとても理にかなっていると思うのです。

そのとき起きたこと④

停電でまっ暗になり
家電はすべて使えなかった

被災直後は灯りと充電器、電池が必要

東日本大震災の日はとても寒かったのですが、エアコンやファンヒーターが使えず、灯りもランタンひとつ。暗闇の中で寒くて心細い夜を過ごしました。停電時、家電製品はほぼ使えません。照明、スマホの充電、ラジオの電池などは、被災直後にあると安心感が違います。暑さ、寒さ対策も必要です。

そのとき起きたこと⑤

水を溜めておかなかったせいで、深刻な水不足に

震災直後水が出たら、すぐに溜めておく

雪を湯船に
溜めて
トイレ用の水に
しました

地震直後は水が出ていましたが、翌日には断水。完全復旧まで1カ月を要しました。

一番困ったのは生活用水でした。飲料水は救援物資として届くため、何とかなりましたが、水洗トイレ、洗濯、食器洗い、顔を洗ったり、歯を磨いたり。電気が復旧しても、水がなければ米も研げない……普段驚くほど大量の水を使っていることに改めて気づきました。

ちょうど雪が降っていたため、雪を湯船に入れて溶かしてトイレの水に使いましたが、小さい子どもがいる家で水が使えないというのは、不便ですし、地獄絵図。

水の備蓄、災害時の給水ステーションの場所をチェックしておくことはもちろんですが、何よりも、震災後水が出ていたら、即溜めること。憶えておいてくださいね。

そのとき起きたこと⑥

夫婦で避難についての意見が合わなかった

避難について家族で話し合っておく

震災後、わが家では、避難所へ行きたい夫と行きたくないわたしとで意見が割れました。

しかし、小さな子どもを連れての避難所生活は想像するだけで大変。オムツや物資も震災直後は十分ではありません。

結局、自宅が無事な場合は自宅で1週間過ごせる備えをするのがいちばんだということに落ち着きましたが、有事には誰もが余裕がない状態で、家族の命がかかっていると判断を見誤りがち。

結果、夫婦間の仲が悪くなり、離婚したという話も聞きました。どういう行動をするのか、家族でルールを決めておくことが大切です。

離れた場所で被災したときの連絡方法や子どものお迎え、転職や引越し、子どもの成長などに応じて、見直し話し合っておきましょう。

そのとき起きたこと⑦

ガソリンが残り少なかったため移動するのが大変だった

車を持っている人はこまめに給油すること

被災時、わたしは車で子どもを迎えに保育園に行きましたが、ガソリンが残り少なくてヒヤヒヤしました。ふだんから車がメインの移動手段の人は、帰宅時などまめに給油をするようにしましょう。

また、災害時対応給油所の場所も、一度チェックしておくとよいでしょう。

2

1日1防災

まずはここから。1日ひとつ、40日の簡単防災

震災から3日目
プルルルルルル
同じ町内の友人からTEL
んーもしもし うん、生きてた 生きてた
そっちは？ 大丈夫？ そっかー よかった！
え？電気？ 今？復旧 したの!?
えっ！電気!?
バッ
パァァァ
パチッ
ああ 明るいって すばらしい！
エアコンも TVもつく～
やっと 充電できる！ もしもーし 姉？ 生きてた
東京にいる姉
ねえ、窓の外見てよ 街灯がついてる
↑節電のためにすぐ消した
夜っていつも こんなに 明るかったんだね

電気が復旧したことで生活がガラリと好転
日没後も活動できる
おやすみ～
夕食がゆっくり用意できる!!
ケータイ・スマホが充電可
テレビもパソコンも使えるので
情報難民から脱出
おひさしぶりです
電子レンジや炊飯器が使用可能に!!
食事のクオリティのアップ!!
行政のホームページが見れるのはありがたいね
広報車はぜんぜん何を言ってるのかわからなかったもんねー
うーん保育園は水道が復旧したら再開だって
当時わたしは月に10日ほど広告のデザインの仕事に行っていたので保育園が再開しなければ家計にそのまま影響が出るため大問題だったのでした
ナオミちゃんはそもそもJRが動かないと仙台の職場に行けないしね
阪神大震災のようなビルの倒壊がなかった仙台市中心部はライフラインの復旧も早く多くの企業はすぐに営業再開へ向けて動き出していました
JRが運休
ガソリンも不足
仙台市郊外のベッドタウンからは多くのサラリーマンやOLさんたちが徒歩や自転車で会社に通勤していました
うちのダンナは津波の被害にあった会社のドロかきに毎朝出勤

震災から5日目
ぽつん…
いったい水道は何日したら復旧するんだろう……
早く仕事へ行きたいのに会社も心配だし収入面も心配
はっ!!
そうだ!! 人事に連絡して復旧できるまでの出社日を有休扱いにしてもらおう!
東京本社の人事に連絡をすると
もちろん有休にできますよ! まず1カ月分の出社日を有休にしちゃいますので心配せずにお子さんと過ごしてくださいね!
神対応
ありがとうございます!! 本当に助かります!
ペコ
ペコ
昼間は豆キチの散歩をかねて買い出しの旅に出る
まてまて〜
震災直後は店内や倉庫の在庫を売っていたスーパーやコンビニ
スーパー○△
24
24コンビニ
ズラーリ
震災3日目くらいからは物流ストップで商品が入らずほとんどの店は閉店(汗)
しーーん
○×マート
閉店中
コンビニは新聞紙で目張りされどのお店の店頭にも手書きの「閉店中」の文字が並んでいました
商品が入荷しばらくしません
閉店
とりいそぎ 3/12〜3/16まで
閉店中

町にはわたしのような
子どもの散歩がてら
買い物できるところを
探すママたちが
たくさんいました
□□ドラッグ
休業
ベビー用品
閉店
みんな
紙オムツを求めて
ベビー用品店や
ドラッグストアを
めぐっていたのです
わが家はたまたま
震災数日前に
たくさん買った
買いおきがあったので
なんとかなりました
オムツ
L
オムツはなんとか
なっても
食材がなあ……
バババ
ババババ
今夜は
いったい何を
食べよう……
仙台港のコンビナート火災
はじめの1週間は
日々減っていく
食材にヒヤヒヤ
電気も
プロパンも
あるけど
結局水が
出ないから
何もできない
キャッ
キャッ
キャッ
生活用水が
足りず
近くの川まで
トイレ用の水を
汲むために
子どもたちが
たくさんきていました
津波が上ってきたところまで黒い

震災から2週間
スーパーに食品が入りはじめ希望の光が差してきました
2時間だけ開店します
おひとり様3点まで
12時開店
野菜入荷!!
先着200人まで入店
野菜は数が少なく早朝から並ばないと買うことができない高級品になりました
子連れには無理な話ですよまったく……
ああ……野菜が食べたい!
ビタミン不足で口内炎が…
野菜不足を少しでも補おうとペットボトルに水と粉末緑茶を入れて飲むようにしました
緑茶パウダー
豆キチのは甘くしていた
肉や魚も同じように入手が難しく戸棚の奥から出てきた缶詰を細々と食べていました
ツナ
スパム
コンビーフ
ん?ダンナから電話だ!
あっもしもし!! 今すぐ車で会社にこれる?
食料品とか会社に届いたんだよ!! 早くきてね!
はっ! はい!!
このころダンナの会社の他県の営業所から物資が届いたり社長さんの友人がガソリンと食料を運んでくれたり多くの方々に助けていただきました
本当にありがとうございました!!

水もこのころ試験的に通水
サビで茶色の水
ジャー
ジャー
トイレが流せた！
シンクが流せた！
お風呂にも入れた！
サビで茶色いけど超ありがたい!!
毎日おしりふきで体を拭いてはいたけど
やっぱりお風呂ってサイコーだね
※節水のため全員で入浴
水が普通に蛇口から出るって本当にありがたいね
水道の復旧のために頑張ってくれている人たちに本当に感謝だね
水のある夢のような日は1日で終わり再び水道復旧に向けて断水してしまいました
断水はしちゃったけどお風呂いっぱいに残り湯があるからしばらくトイレの水心配ないね!!
まあ一度断水生活してるからなんとかなりそう
ミクシィやツイッターで「××市の○○地区まで通水！」という情報が流れ
きっと水道の復旧は近い！
という希望が沸きました

スーパー以外のお店も開きはじめ……
メガネの○○
営業中
ラーメン
OPEN
↑どこも限定メニューと時短営業でがんばってた
世の中が動きだした!!
本当にありがとうございます!!
そしてついに……
銀行の窓口とATMの再開!!
10:00〜15:00までだけど
○○ BANK
ATM
これで25日の給料日にちゃんと支払いができる!!
震災後に郵便配達が再開して最初に届いたのはクレジットカードなどの請求書だったのでした(汗)
ときは3月25日天気は小雨
いざっ出陣!!
何時間ぐらい並ぶのだろうか……
ドキ
ドキ
ゲッ
すっごい並んでる!!
ずらーーり
遠くに見える銀行
○○BANK
ざっと見ても100人以上

ほほう
役場の友人からきいたの!! 利府町の水道4月2日に出るそうよ!!
並んでいる間は顔見知りもそうじゃない人も近くの人と情報交換会
学校はどうなるかしら?
仙台はもう水が出てるそうよ
JRはもうすぐ動くらしいぞ!!
津波で車もってかれたんだが自分でレッカーすんだど
地震保険って電話したー?
ガソリンってもうすぐ買えるかな?
ガソリン少しずつ入荷してるらしいぞ
約2時間並んで無事に出入金作業をすることができました
その日の夜
水は4月かあ…… まだあるなあ
でもさ!! 希望が持てるよね
あと1週間ちょっと頑張ろう!
ガソリンもあと少ししたら買えるかなあ
だんだん春めいてきたし
コック付のタンク
昨日より今日 今日より明日 復旧が進んでいる! とにかく4月まで頑張ろう!
ぐっ

震災から1カ月
上下水道が復旧
ジャー
W・C
流せるってスバラシイ♡
ガソリン不足の解消
セルフ
ありがたや
JRの一部再開
会社に行ける!
水道は出るようになったものの
上下水道の復旧が進んでいますが下水処理施設は津波の影響で被害を受けており復旧の見込みは立っていません
なるべく下水道に流す水を減らしてください
処理
海
節下水をする日々
食器洗いで出た水をアパートの小さな庭に捨てる毎日
保育園や学校もはじまり遅い新学期がスタート
わ~先生! 久しぶりです!!
感動の再会!!
豆キチくーん元気だった!? いっぱい遊ぼうね!
わたしも会社に復帰
仙台の広告界はきびしい時期が続くだろうが一緒に頑張っていこうな
当時の上司→
フリー契約を解除しなかった会社に感謝!!
はい!!

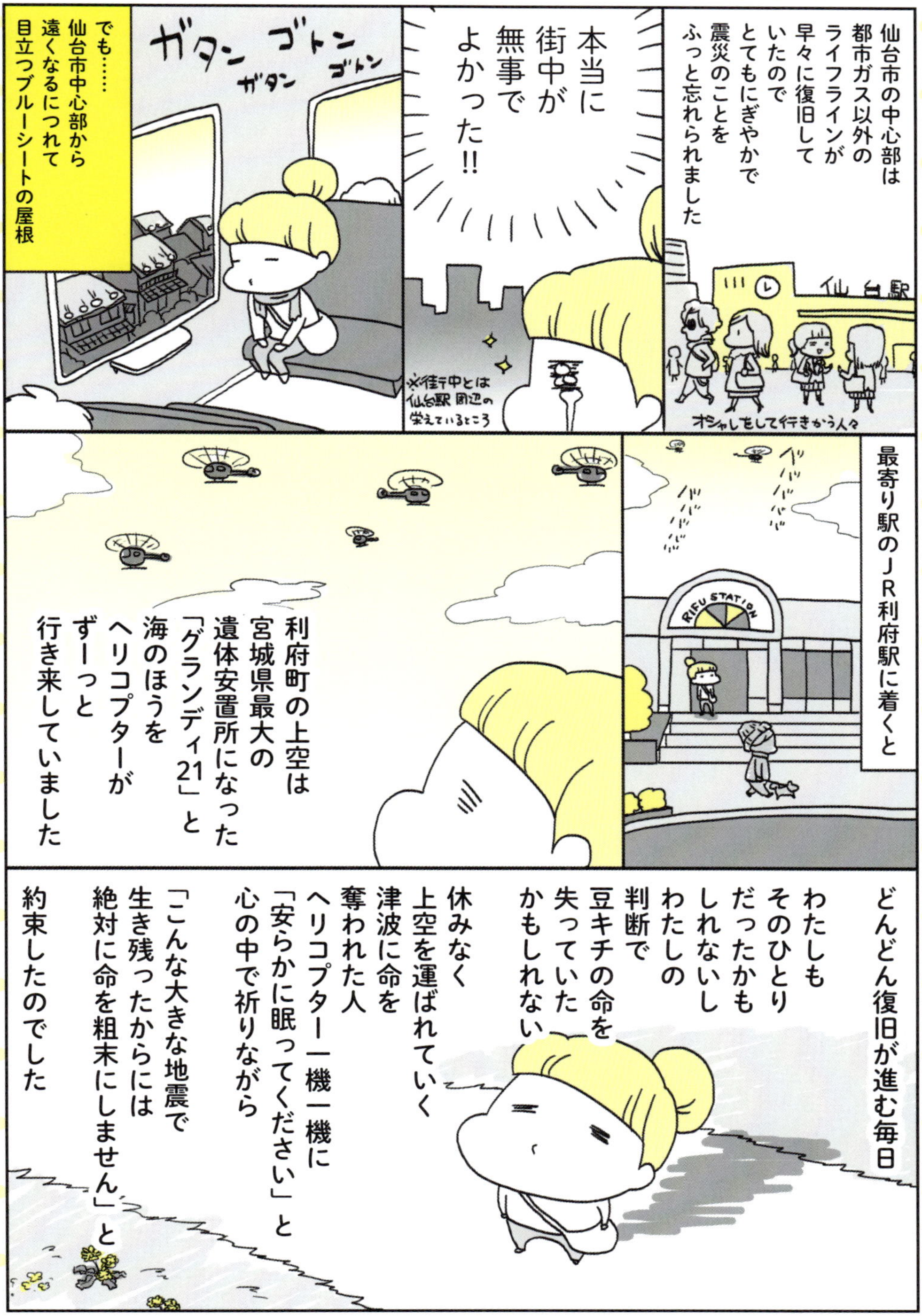
仙台市の中心部は都市ガス以外のライフラインが早々に復旧していたのでとてもにぎやかで震災のことをふっと忘れられました
仙台駅
オシャレをして行きかう人々
本当に街中が無事でよかった!!
※街中とは仙台駅周辺の栄えているところ
ガタン ゴトン
ガタン ゴトン
でも……仙台市中心部から遠くなるにつれて目立つブルーシートの屋根
最寄り駅のJR利府駅に着くと
バババババ
バババババ
RIFU STATION
利府町の上空は宮城県最大の遺体安置所になった「グランディ21」と海のほうをヘリコプターがずーっと行き来していました
どんどん復旧が進む毎日
わたしもそのひとりだったかもしれないしわたしの判断で豆キチの命を失っていたかもしれない
休みなく上空を運ばれていく津波に命を奪われた人
ヘリコプター一機一機に「安らかに眠ってください」と心の中で祈りながら
「こんな大きな地震で生き残ったからには絶対に命を粗末にしません」と約束したのでした

充電式クリーナーで生活空間を確保

DAY 1 生活

マキタの
充電式クリーナー
被災直後は
充電されているので
使えます

震災直後の家の中は、まるで、バーテンダーにシェーカーでふられたかのような状態で、素足ではとても歩けませんでした。

ガラスの破片や植木鉢の砂など、細かいものも散乱しています。これらを片づけない限り、自宅で避難生活を送ることができないわけですが、当然、電気が使えずコンセント式の掃除機は使えません。また、サイクロン式のコードレスクリーナーはガラス破片で傷つくこともあります。

役に立ったのは、紙パック式の充電式クリーナー。吸引力は強くはありませんが、震災後20分ほど使用することができ、割れた食器の細かい破片などを吸い取ることができました。

最近はお掃除ロボットなどを置いている家も増えましたが、震災直後は走らせられる状態ではありません。軽くて使いやすいクリーナーがおすすめです。

小さくてもホウキとチリトリは必須

DAY 2
生活

ホウキと
チリトリ
とにかく
床をキレイにしないと歩けない

外で被災して自宅に帰ってみると、家中が散らかっていてリビングにたどり着くのもひと苦労でした。玄関に小さなホウキやチリトリがあると、掃除をしながら家にあがれます。

イケアや100均、ホームセンターでもかわいらしいものがたくさんでているので、ぜひ好みのワンセットを見つけてください。

被災後のガラスや家具の片づけに

DAY 3
生活

市販の非常用持ち出し袋の中にも入っている軍手は、被災後の割れたガラスの片づけや、倒壊した家具の撤去作業のケガ防止に役立ちました。

　軍手以外に、ゴム手袋があると便利ですが、断水時はゴム手袋が洗えないので、手が汚れる作業やケガ人の手当てには使い捨てのビニール手袋が活躍します。

バケツやゴム手袋の代わりになった

DAY 4
生活

ビニール袋

水を運ぶときに使う

川や給水ステーションから水を汲んで運ぶため、バケツの代わりにゴミ箱とスーパーのレジ袋を活用していました。

洗濯に活用

断水で洗濯機が使えないとき下着などを、ビニール袋に洗剤と一緒に入れて洗濯をしていました。

両手がフリーになるリュックが活躍

DAY 5
生活

リュックサックとエコバッグ
スーパーに
レジ袋がない

震災直後は余震が続くため、移動中は手がふさがらないほうが安全です。特に、小さい子どもがいる場合は抱っこをしたり、手をつないだりして移動する必要があるので、リュックサックは必須アイテムです。日ごろからママバッグをリュックサックにしておくと、外出先で被災した際も安全に避難することができると思います。

また、モノの持ち運びにも、リュックサックが便利です。肩かけや手持ちのバッグだと、重たいモノを運ぶのがひと苦労。荷物がたくさん入った非常用持ち出し袋としてではなく、ふだん使いのモノが大活躍しました。

もうひとつ、意外と役立ったのがエコバッグです。震災後しばらくの間は、スーパーでレジ袋がもらえない状況が続いたので、買いものの際には重宝しました。

停電生活中、いろんな照明が役立った

DAY 6
生活

明かりは安心材料

被災時は、トイレに行くときに使うライトや眠るときの明かりなど、いろんな明かりがほしいところです。

電池要らずで便利

停電時は驚くほどまっ暗になります。外での作業時の灯りや防犯対策としても役にたちます。

長引く断水時、生活用水の確保は必須

DAY 7
生活

水道が仮再開した際は、お風呂の残り湯を溜めました。

給水ステーションの位置をチェックしておくことも大切ですが、大切なのが運びかたのシミュレーション。ガレキが散乱する中、車を走らせられる状況ではない場合もあります。また、停電でエレベーターが止まったマンションで大量の水を階段で運ぶのは困難です。

東日本大震災のとき、せっかく自宅が無事で、備蓄もあって、自宅避難ができる状況でありながら、生活用水がないばかりに避難所へ行くしかなかった人もいました。とはいえ、マンションの高層階でふだんから残り湯を溜めていると、揺れで家中水浸しになることも。飲んだ後のペットボトルに水道水を入れて、トイレに置いておくなど、住む場所に合わせた備えも必要です。

水は、バケツを使って使い回して節約

DAY 8
生活

バケツ
川で水を汲んだり
トイレ用の水に

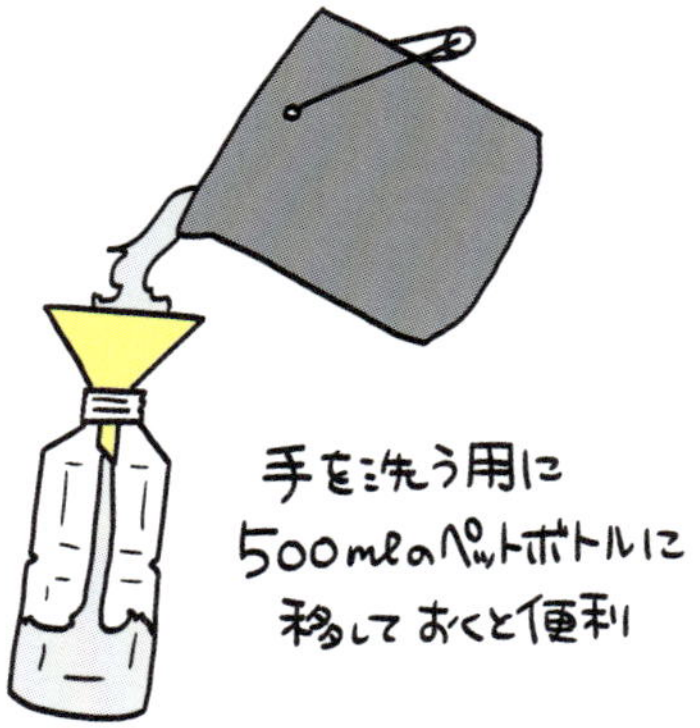
手を洗う用に
500mlのペットボトルに
移しておくと便利

最近は、バケツが家にないという おうちも多いのではないかと思いますが、被災時の水の確保には、やはりバケツが使いやすかったです。

節水が必要だったので、生活水を再利用するために複数のバケツが大活躍。手を洗った水をバケツに溜めておき、洗濯に使い、最後にトイレに使用していました。

万能浅型ゴムバケツで洗濯をした

DAY 9
生活

断水が長引く中では、洗濯も手でやるしかありませんでしたが、最近は、洗濯用のタライを持っているご家庭はあまりないと思います。うちもそうでした。

そんなとき、役に立ったのが『タブトラッグス』の浅型です。もともとは、ヨーロッパでガーデニングに用いられるゴム製のバケツなのですが、水、土を運ぶために頑丈で、ゴムなので柔軟性があります。

ふだんは、おもちゃを入れたり、洗濯物の取り込みに使うなど、重宝しているのですが、震災時は、洗濯はもちろん、まだ1歳半だった豆キチの沐浴など、水周りで大活躍しました。子どもがまたげる高さなので安全です。

カラフルで安価。いろいろなサイズがあるので、子ども部屋の収納などに取り入れると、いざというときに役立ってくれると思います。

電気・ガスがなくても料理ができた

DAY 10
食

うちはプロパンガスだったので、ガスが使えていましたが、カセットコンロがあったおかげで、あたたかいものを家族で囲んで食べることができました。最近は、オール電化の住まいも増えてきていますが停電時には生活が困難になります。カセットコンロは備えておいたほうがよいと思います。

キッチンバサミのおかげで節水できた

DAY 11
食

キッチンバサミ
まな板と包丁より
流う水が
少なくて済む

皮むきや
ピーラーも!!

断水時の水は貴重。まな板と包丁は、使うたびに洗い流さなくてはならず、大量の水を必要とします。そんなとき重宝したのはキッチンバサミやピーラーなど、コンパクトな調理器具でした。少しの水があれば洗えますし、殺菌力のあるウエットティッシュで拭くだけでもしばらくはしのげます。

ラップやホイルは断水時の強い味方に

DAY 12
食

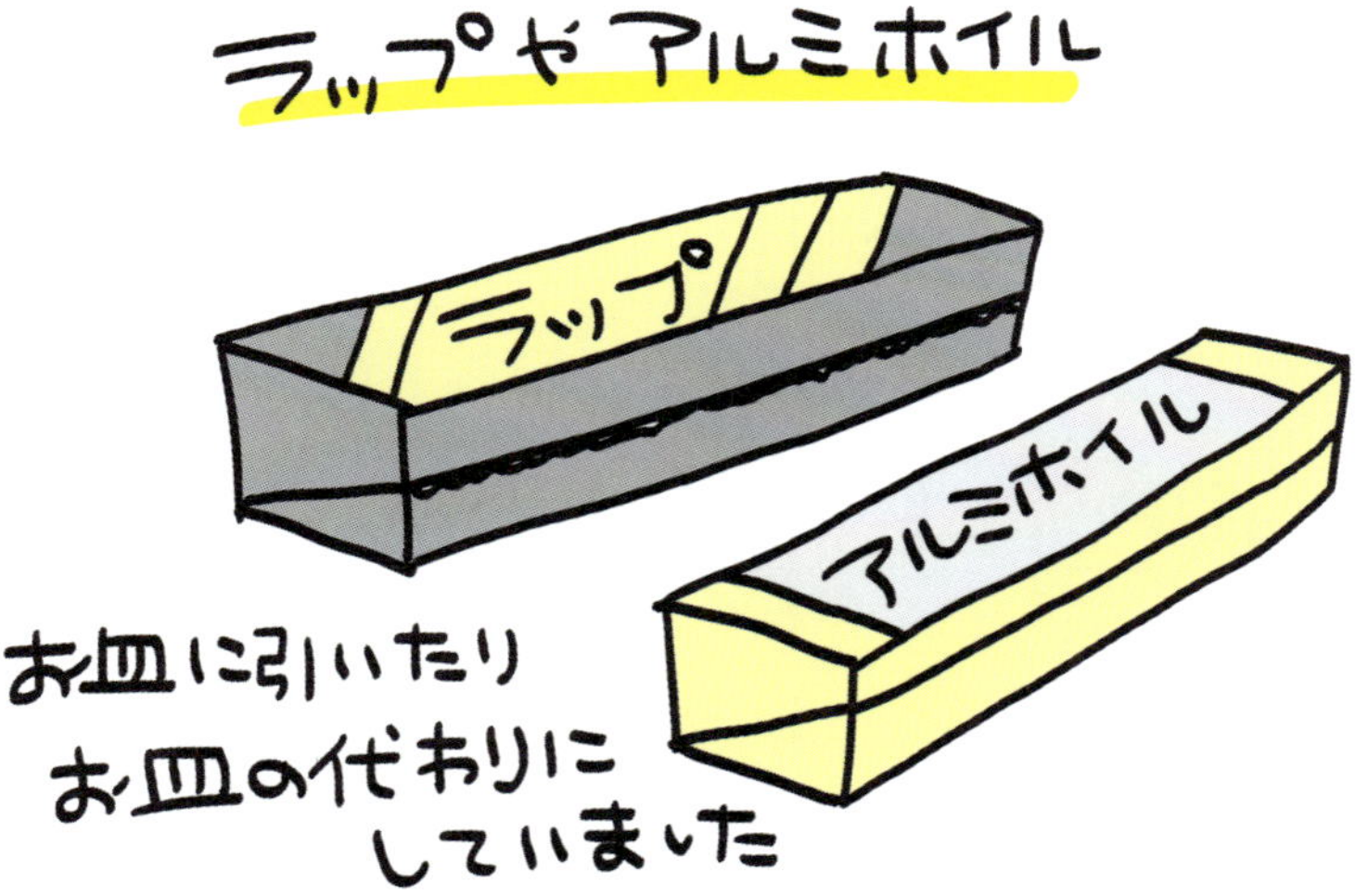

アルミホイル活用法

フライパンや鍋に引いたり、フタ代わりにすることで調理器具を汚さずにすみました。

ラップ活用法

皿に引いて使えば、食器を洗う必要なし！おにぎりをにぎるときや食べるときも手を汚さず、衛生的。

カンパンは、いざというときに取っておく

DAY13
食

カンパンは最後の砦
まずは冷蔵庫の
中身から食べよう
牛乳
カンパン

まずは
生鮮食品を
食べないと

ザ・非常食のカンパン。「パサパサして食べづらいし喉がかわく」という声もありますが、「いざというときこれを食べよう」と思えたので、それだけで、安心しました。

とはいえ、非常時には、まず冷蔵庫に残っている食材から手をつけるようにし、カンパンは最後の最後まで取っておきたいところです。

野菜不足から救ってくれた粉末青汁！

DAY 14
食

野菜ジュースや
青汁の粉
青汁
パウダー
野菜
ミックス
100
とにかく野菜が手に入らない☹

　震災後の野菜不足は深刻でした。スーパーがオープンしてからも野菜はほとんど手に入らず、または手に入ったとしても価格が急騰して手が届かなくなり、野菜が食べたくてしかたがありませんでした。

　また、救援物資や配給食の中にも野菜はほとんど含まれていないので、避難所にいた人たちの多くが、体調不良や便秘、肌荒れなどを訴えていました。

　わたしも口内炎ができてなかなか治らずつらい時期を過ごしましたが、野菜ジュースや粉末青汁、緑茶などのおかげでなんとかやり過ごすことができました。

　自宅にある保存食はほとんどが、米やパンなどの炭水化物だと思いますが、長引く避難生活を考えた場合には、野菜ジュースや青汁の備蓄は必須です。

冷蔵庫が使えないとき、乾物でしのいだ

DAY 15
食

乾物
しいたけ
凍み豆腐
冷蔵庫が止まっても保存できる

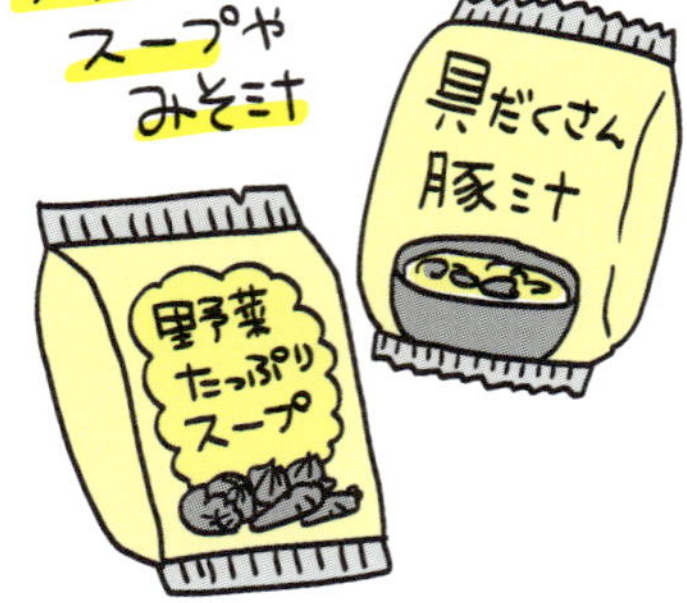
フリーズドライの
スープや
みそ汁
具だくさん
豚汁
野菜
たっぷり
スープ

冷蔵庫が使えないとすぐにダメになる食材が多い中で重宝したのが乾物です。常温での保存ができるだけでなく、栄養価が高くて、ビタミンやミネラル、食物繊維を摂ることができました。最近は、フリーズドライの野菜スープやみそ汁など、いろんな種類のものが出ているので、ぜひチェックしてみてください。

炊飯器が使えないので鍋でご飯を炊いた

DAY 16
食

土鍋
or
ル・クルーゼ

災害時など無洗米じゃなくても洗わずに炊飯することができます
白米2〜3合
水加減はひとさし指の第一関節
30分以上水に浸す
①強火にかける
②沸とうしたら弱火で15分
③火を止めて15分蒸らしてできあがり!!
ブクブク
蒸らし終るまでフタは開けちゃダメです!!

給水所にお湯をもらいに行くとき役立った

DAY 17
ベビー

保温ポット
給水所などでお湯をもらったときに

日本のどこかで地震が起きるたびに、ママたちの間で話題に上るのが、赤ちゃんのミルク問題です。ふだん母乳育児でも、大きな災害直後はママが不安定でおっぱいが出なくなることもあります。

東日本大震災の翌日、わたしが住んでいるエリアでは、給水所で赤ちゃんのミルク用のお湯が配布されていました。あってよかったのは哺乳瓶よりも魔法瓶。あたたかいお湯を持ち帰ることができました。ミルクを作ったあと、コーヒーを淹れて飲んだとき、ホッとしたのを憶えています。

また、自宅で湯沸かしができたとしても、断水していて備蓄のミネラルウォーターを使うこともあるでしょう。あらかじめ、赤ちゃんでも飲める軟水かどうか確かめておくとよいと思います。

オムツはかなりの量が必要だった

DAY 18
ベビー

オムツの買いおき

震災から1週間はあらゆるモノが不足していました。不幸中の幸いだったのが、震災の直前に大量の紙オムツをまとめ買いしていたことです。

震災後はオープンしていたスーパーも、3日後には物流ストップで閉まってしまい、街には、オムツやミルクを買い求めて街中の店を訪ねるママであふれていました。

備蓄倉庫に置いてある物資の量は、市民全体をまかなえる量ではありません。救援物資も命を救う緊急性のあるものから輸送されてくるので、オムツが届くには数日ほどかかったように記憶しています。

防災の記事などで、手作りの即席オムツのつくりかたなどを見かけることもありますが、緊急時だからこそ、少しでも安心して過ごしたいですよね。2週間分ほどの買いおきをして、切らさないようにしておきましょう。

断水中、お風呂に入れないときの救世主

DAY 19
ベビー

おしりふき最強でした

うちは箱買いしています♪
おしりふき

　上下水道復旧までの間で困ったのは、トイレ、洗濯、料理、そしてお風呂でした。しばらくの間、大人も子どもも身体をふくときに使ったのが、赤ちゃんのおしりふき。汗ふきシートよりも大判で、ウエットティッシュよりもやさしくて赤ちゃんの肌にも安心。コストパフォーマンスもよいのでおすすめです

生ゴミや汚物の臭いを見事にシャットアウト

DAY 20
ベビー

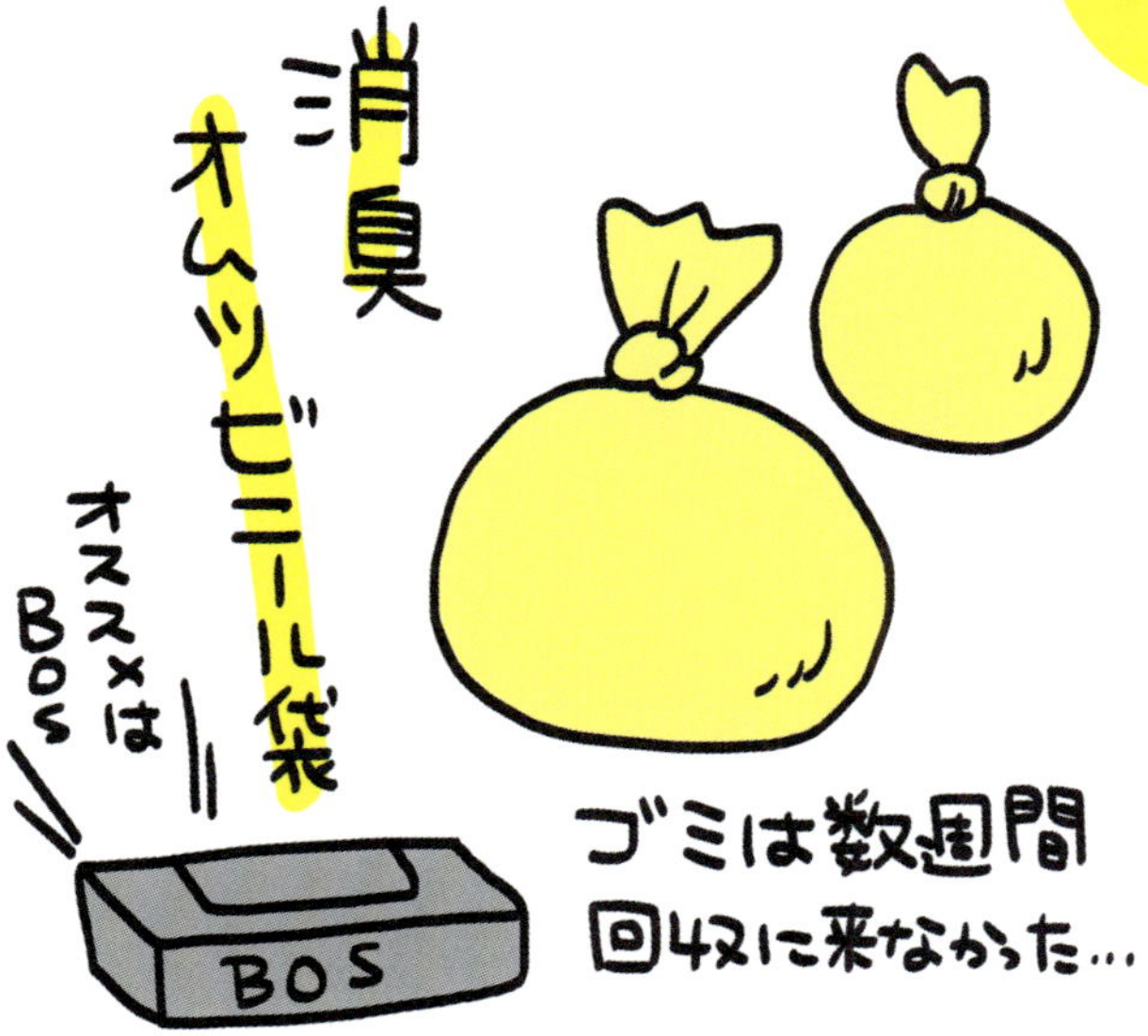

震災後、止まっていたのはライフラインだけではありません。ゴミの回収も数週間はストップし、ゴミが溜まっていく一方でした。苦痛だったのは生ゴミや汚物の臭い。避難所の生活臭をはじめ不快な臭いは前向きな気持ちを奪います。東日本大震災は冬場でしたが、真夏に震災が起きないとは限りません。冷房も使えず、ゴミの保管場所や臭いはもっと深刻になります。

これらをノックアウトしてくれたのは、消臭オムツビニール袋でした。ふつうのビニール袋よりもちょっと高価なので、ビニール袋と使い分けて、オムツだけでなく、特に臭いが漏れやすい生ゴミなどはこちらを使用していました。

季節ごとに、数週間分のゴミの置き場所、臭い対策について考えておく必要があります。

身体サッパリ、香りに癒された

DAY 21
ベビー

赤ちゃん用沐浴剤

うちでは「持田ヘルスケア」のスキナベーブを使用

沐浴剤は、入浴剤のようにベビーバスに入れて溶かして使うアイテムです。

保湿剤がたっぷり配合されていて、洗浄力があるのに、洗い流す必要がないというスグレモノ。節水時は家族一同沐浴剤をゴムバケツに入れてタオルを浸してしぼり、身体をふいたりしていました。

子づれなら、絵本やおもちゃが必須

震災後は日の出とともに起きて日の入りとともに寝る準備をするような生活。停電でテレビが見られず、タブレットなどの電子機器も使えないため、子どもは時間を持て余します。絵本やおもちゃ、家族みんなで遊べるアナログのゲームなど、電気がなくても楽しめるものを用意しておくと便利です。

おんぶひもが使いやすかった

DAY 23
ベビー

避難時にはだっこのほうが安全と言われますが、場合によってはおんぶのほうが早く走れます。
震災後の片づけや、水の配給、買いものなど、両手が空いていないと動きづらいので、おんぶひもがあって助かりました。車やベビーカー、自宅に1本ずつ備えておくとよいと思います。

仙台名物、坊ちゃんせっけんが優秀だった

DAY 24
そのほか

食器洗いや洗濯、洗顔や洗髪まで。贈答品でもらった仙台名物、坊ちゃんせっけんが役立ちました。

元々台所用に作られたものなので使いやすく、無添加、無香料。保湿力も高く、新生児にも使える肌に優しい成分。手も荒れにくく、水が大量に使えないときの食器洗いも、流し漏れを心配せずに使えました。

助けてくれたのはアナログだった

DAY 25
そのほか

自転車

スーパーが再開しても、ガソリンが手に入らず、重いモノが運べませんでした。情報収集や買いものまで、すべて自転車を使っていました。関東圏でも東日本大震災後に、自転車が大流行しましたが1台あると安心です。また、カゴにバンジーコードを1本入れておくと、荷台を使って、重いものを運ぶことができます。

台車やキャリーカートも便利!!

現金を持っていたので買いものができた

DAY 26
そのほか

小銭と
千円札
1000
千円
500
50
10
100
1
すべての買いものが
現金でしかできなくなる

近年どんどん進んでいるキャッシュレス化ですが、震災後はATMが動かず、停電のせいでクレジットカードや電子マネーが使えず、非常に苦労しました。

災害時に一番強いのは、やっぱり現金。千円札や小銭が手元にあって本当に助かりました。

非常事態でも当然、生活をするためにお金は必要です。食料や生活必需品、交通費、ガソリン代などすべて現金でしか購入することができないので、備蓄のひとつとして現金を用意しておきましょう。

使いやすい千円札と小銭を1、2万円分は用意しておいたほうがよいと思います。また、10円玉は、連絡手段が限られているときに公衆電話を使う際に役立ちます。自宅に置いておくほかに、分散して持ち歩くようにしましょう。

シェルターとして使える部屋を作った

DAY 27
生活

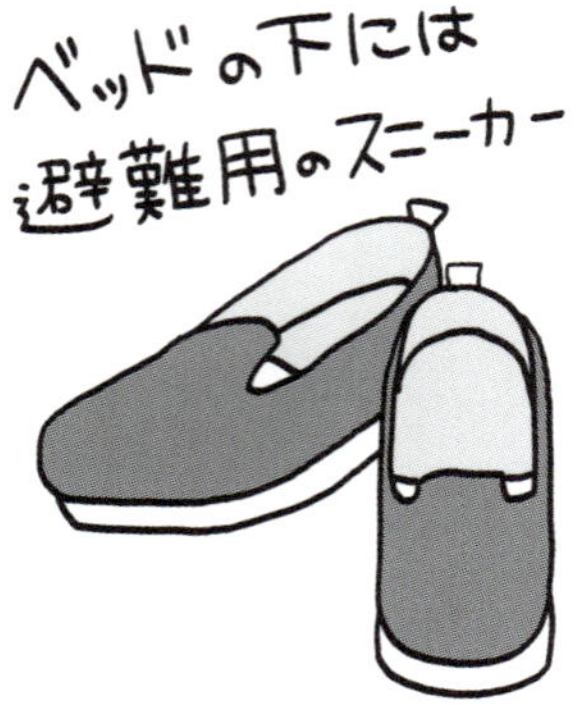

東日本大震災後、ベッドルームはできるだけシンプルにし、背の高い家具を置かないようにしました。大きな地震がきても、うちの中のひと部屋が無事であればそこを拠点にして生活ができます。
また、まくらもとには、ジグゾーパズルや写真フレームなどを飾らなくなりました。

つっぱり棒よりも前に、タンスや棚の配置換え

DAY 28
生活

タンスや棚などの防災として思い浮かぶのがつっぱり棒ですが、オシャレ感がなくて、まったく取りつける気になりませんでした。

そこで、倒れても心配のない場所へ家具を移動し、さらに軽いモノを上に、重たいモノを下に配置換えし、タンスの一番下には水のペットボトルや缶詰などを詰めて備蓄と重しを兼ね備えた防災備蓄スペースにしました。

タンスの上などはガラスやフォトフレームなどの小物には耐震マットを引き、万が一倒れてきても下敷きになったりケガをしないよう、安全を保てるようにしました。

震災後に家を建てる際に、家具やタンスなどの棚をすべて作りつけにしたという話も聞きましたが、まずは、今日、すぐにできることからチャレンジしてみませんか？

100均のスベリ止めで家電を固定

DAY 29
生活

炊飯ジャーと
電子レンジの下に
100均のスベリ止め
震災のとき揺れでふっ飛んだコンビ

大地震のとき、固定していない小物は散らばり、炊飯ジャーや電子レンジなどの小型の電化製品は大きな揺れでふっ飛びます。

震災後、家電は100均の滑り止めで固定し、化粧品などの小物はボックスに入れて、こちらもスベリ止めで固定。これだけでも、災害発生時の危険と後片づけが減ります。

こまごましたモノはBox＋スベリ止め
揺れても散らからない

メイク落としやふき取り化粧品を備蓄

DAY 30
生活

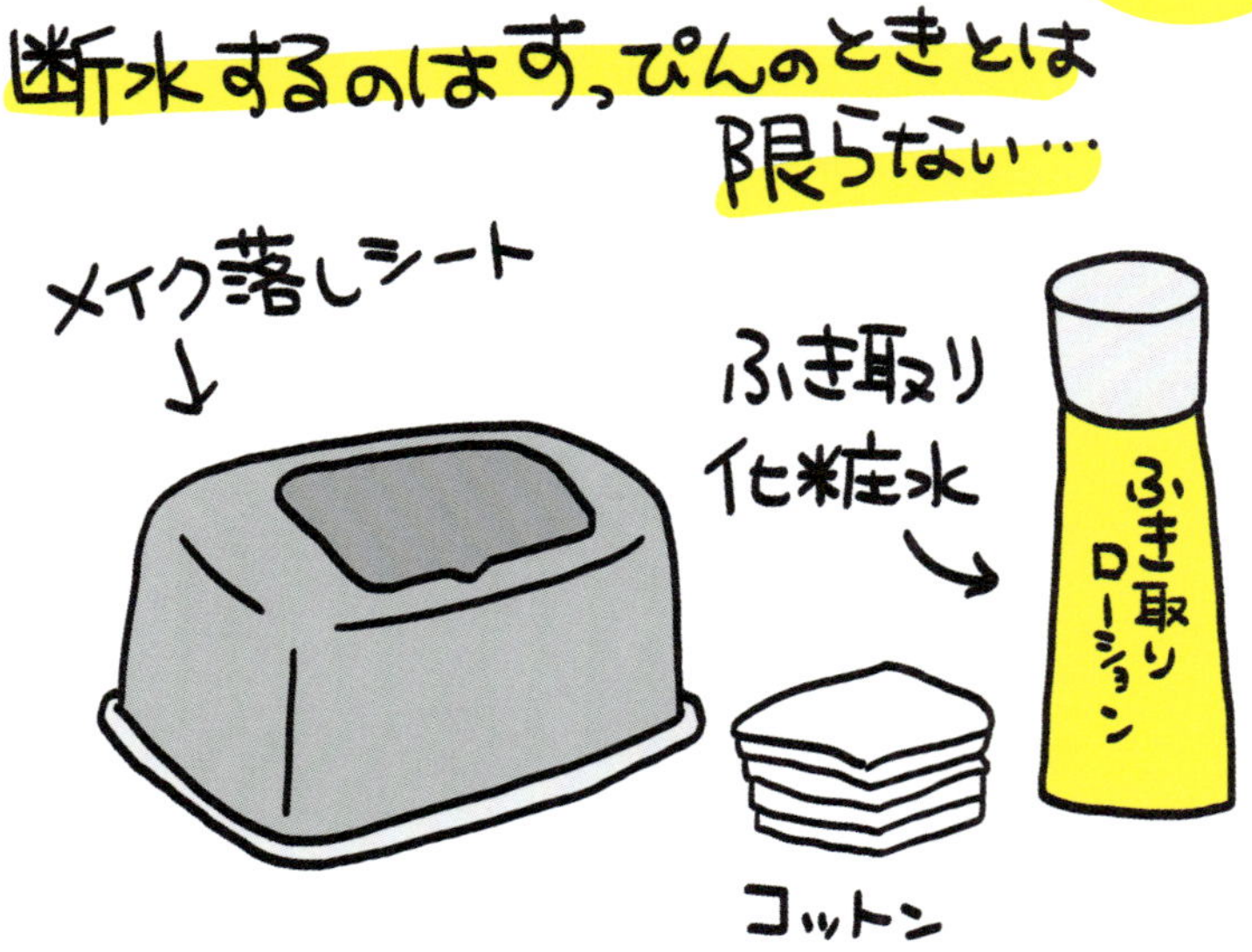
断水するのはすっぴんのときとは
限らない…
メイク落しシート
ふき取り
化粧水
ふき取り
ローション
コットン

ふだん、洗い流しのメイク落としを使っているのですが、洗顔にはけっこう水を使うので、メイク落としシートやふき取り化粧水、オイルなど、水なしでメイクを落とせるモノを備蓄しておくようになりました。

会社や外出時に被災する可能性もありますし、災害直後や避難所などではノーメイクで過ごすことがほとんど。緊急性の低い化粧品などは、物資として届いたとしても時間がかかります。

すっぴんで過ごすことやスキンケアができないことが大きなストレスになる人は、防災グッズとして、マスクなどを多めに買いおきしておきましょう。

かさばらないオールインワンジェルや小さな洗顔料、スキンケアクリームのチューブタイプなどを持ち歩くとよいと思います。

部屋にライトを吊るした

DAY 31
グッズ

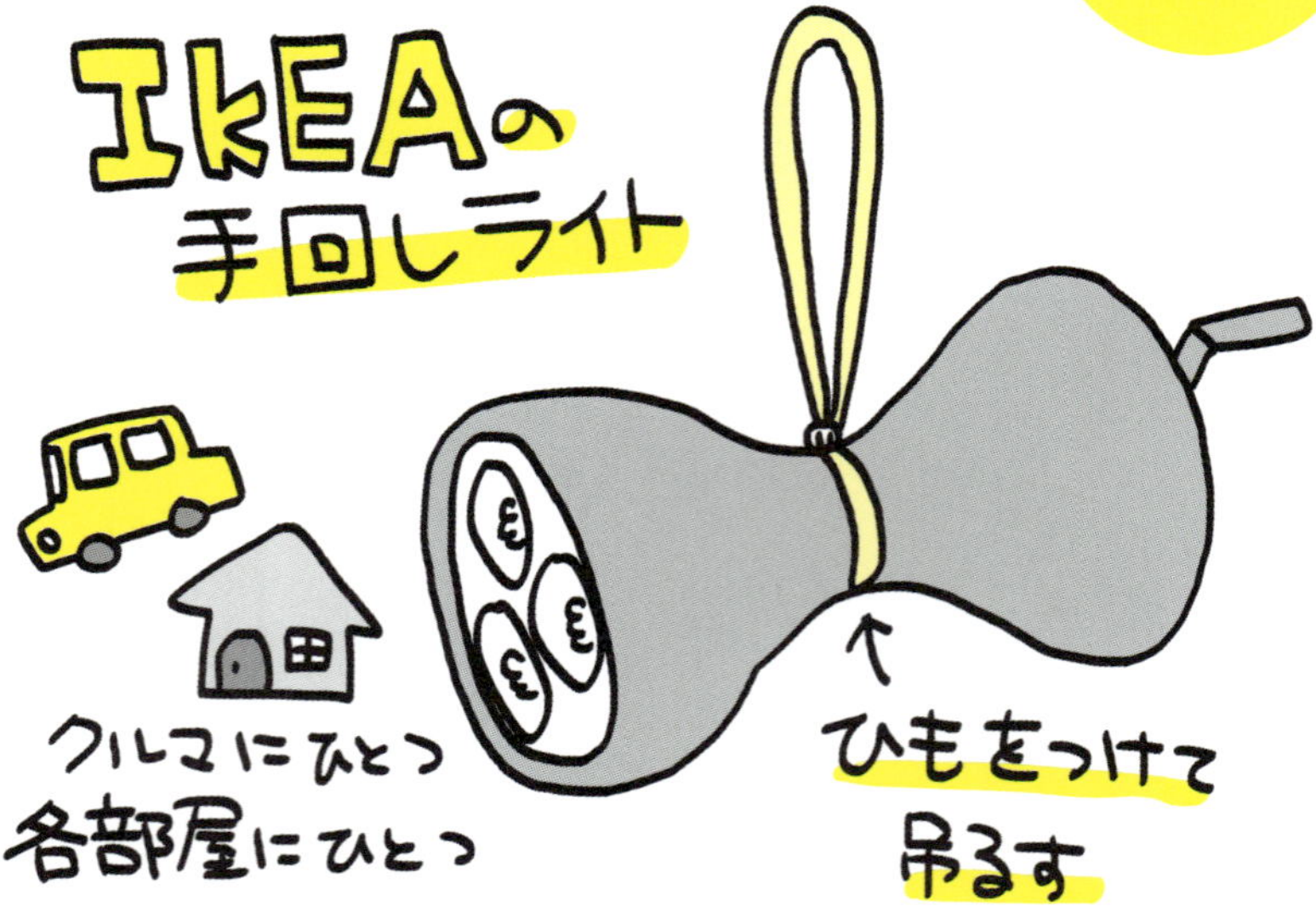
IKEAの
手回しライト
クルマにひとつ
各部屋にひとつ
ひもをつけて
吊るす

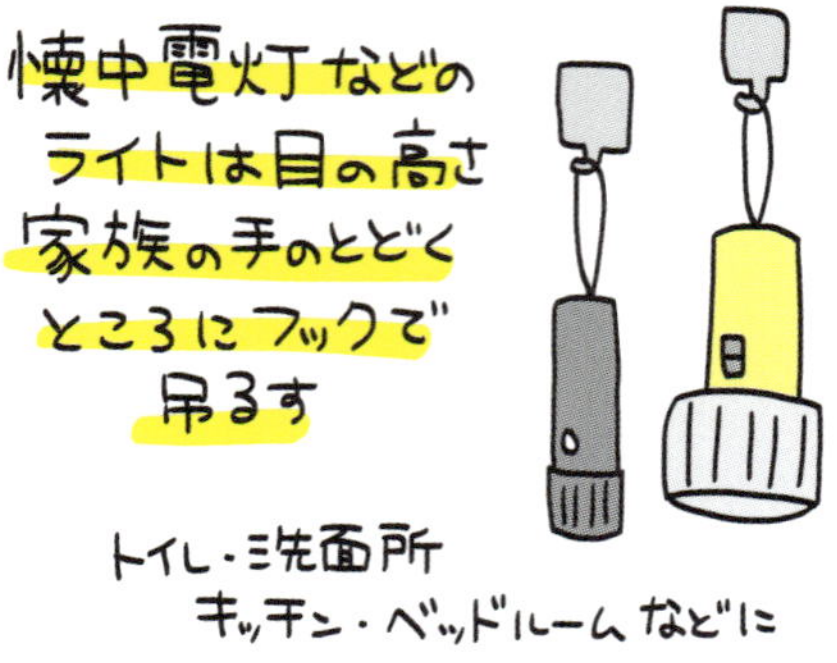
懐中電灯などの
ライトは目の高さ
家族の手のとどく
ところにフックで
吊るす
トイレ・洗面所
キッチン・ベッドルームなどに

イケアの手回しライトを購入し、車と部屋にひとつずつ置くようにしました。電池がなくても使えるので便利。また、落として割れたり、揺れで散らかった部屋の中で行方不明にならないよう、ひもをつけて壁や玄関に吊るしました。こうすると、地震で揺れても落ちず、探す手間も省けます。

バッテリーはスマホの数だけ

DAY 32
グッズ

乾電池式バッテリーがあるだけで安心♡
ホッ

震災後、ソーラーや充電式などいろいろなバッテリーを試しましたが、いちばん使えるのはやはり電池式。

災害時、電話がつながらない中でSNSやネットによって安否確認が取れたり、閉じ込められた人が救われたりすることも。1スマホに1バッテリー、車やベビーカーにもぜひ備えてください。

車にはシガーソケット充電器!!

女性、子どもに必要なモノを買いおき

DAY 33 グッズ

震災後は、オムツや生理用品など、1カ月分を目安に買いおきするようになりました。わたしは幸いにも自宅避難で済みましたが、避難所で過ごした女性の中には生理用品が足りずに大変つらい思いをされた人も多かったと聞きます。

介護が必要な人は成人用オムツと黒ビニールの買いおきは必須です。

車には常にペットボトルの水１本

DAY 34
そのほか

震災によって、水の貴重さを痛感したこともあり、車に常に１本、ペットボトルの水を乗せておくようになりました。

車の中で被災した場合や、自宅が被災して備蓄品が取りにいけない場合などを考えると、車にも水や非常食、簡易トイレ、ひざかけなどを積んでおくと安心です。

車のガソリンは、半分になったら給油

DAY 35
そのほか

災害後、車が動くか動かないかで避難生活のしやすさは大きく変わります。ガソリンが十分であれば遠方まで買いものに行くことができ、通勤にも困りません。車がメインの移動手段という地域の人は、こまめな給油を心がけましょう。

また、車のメンテナンスもこまめに行うようにしましょう。

家族に行き先を伝えるようになった

DAY 36
そのほか

どこ行くの？
○○くんと××くんのうちに行くの!!

ふだんと違う場所へ外出するときは、必ず家族に行き先を伝えるようになりました。

東日本大震災は、14時46分に起こりました。その時間帯はちょうど、小学生の帰宅時間。多くのママが子どもの居場所がわからなくなり、不安な時間を過ごしたそうです。

ふだんから子どもの帰宅ルートやよく遊びに行く場所などを聞いておくようにしましょう。また、中・高校生の子どものいるうちでは、時間帯によっては子どもと連絡がつかず居場所がわからなくなることもあり得ます。

防災の一環として、家族間で避難先やいざというときの合流先などの細かいルールを決めるのは大切なことですが、まずは何より、今日いる場所を知らせておくことが大切だと思っています。

大切な書類、写真は高いところに保管

DAY 37
そのほか

家族のアルバムや契約書、税金などの大切な書類などはなるべく高いところに避難させ、大きな地震で家が揺れても散らばらないようにファイリングしています。

東日本大震災では、孫のアルバムを取りに自宅へ戻ったおじいちゃんが津波に飲まれたり、亡くなった人の写真が手元に残っていないという人がいたりしました。

最近はスマホで撮影した写真をそのままクラウドに保存している人も増えていると思いますが、古い写真は一度失うと戻ってきません。一度、保管場所について検討してみることをおすすめします。

手をつけるのがおっくうですが、一度きちんと時間を作って、実家の古い写真などもスキャニングして、クラウドに保存しておきたいと思っています。

保存がきく野菜類は常にストック

DAY 38
食

ニンジン、タマネギ、ジャガイモなど、保存が可能な野菜は常に備蓄しておくようになりました。

また、震災後は肉や魚も手に入りません。ツナやヤキトリなどの缶詰があると助かります。全体の栄養バランスを考え、1カ月分の食事に困らないように備えておくようにしたいものです。

家族でバーベキューをするようになった

DAY 39
食

基本はインドア派一家ですが、時折バーベキューを楽しむようになりました。また、仙台の秋の恒例行事『いも煮会』には、家族で参加。楽しみながらアウトドアスキルを身につけています。

地域の行事に参加したり、バーベキューパーティなどを開いて、ぜひ試してみてください。

プランター菜園で、野菜を育てはじめた

DAY 40
食

プランターを利用して、野菜を育てるようになりました。葉物は虫がつきやすいので、夏はミニトマトやピーマン、ナスなどの実もの、冬は小かぶやミニ大根など、根菜がメイン。ベランダが使えない場合は、キッチンサイドで簡単にスプラウト栽培ができるミニプランターもおすすめです。

オシャレで楽チンに続けられる防災をしたい！

震災後わたしは防災に夢中になっていた
というより防災中毒になっていた
ストレスとトラウマで必要以上に食材を買い込み
高価なポータブルソーラーパネル充電器を購入
バーベキューセットを揃えたりもした
ストックBOX
水は2ℓのペットボトルが空くと水道水を入れ台所の食器棚の下に備蓄
ココ
どっこいしょ
ふー
外出時のバッグの中身はラジオやライトなどがぎっしりで、まるで非常用持ち出しリュックサック
ローヒールパンプスかスニーカー
パート先のデスクの下には徒歩で帰宅できるようスニーカーとくつした
しかし……
あれ……これもうダメだ……
ストックボックスの中身はすぐに腐敗
防災用品で納戸はパンパン
これ、いちばん下のカンパンどうやって取るんだ……

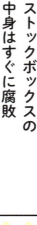

震災から3カ月が経過
結局時間の経過とともにバッグは小さくなっていきました
パン
パン
ペションー
水
震災前とかわらない
クラッカー
ショルダーバッグとサブバッグ!!
だ…… だ…… だって重いし
スマホのバッテリーは入ってます
オシャレじゃないし
ハイヒールのパンプスやサンダルもはくように…
オシャレじゃないといえば!
これ!
つっぱり棒
バーーン
これだけはどうしてもインテリアに取り入れたくない
いやあ、なんせ、ダサいんですもん
しょぼーーん
アベナオミが実感していること
大切なのは続けられる防災
すべてを完璧にやろうと意気込むよりも自分にできる小さな工夫の積み重ねがいざというときに役に立つのだと思います

卓上ソーラーライト

ライトについているソーラーパネルを屋外で直射日光に当てる。9～12時間充電すれば3時間点灯してくれます

キャンドルライト

キャンドルをモチーフにしたLEDライト。ライト類はペンライトにこだわらずいろいろなものを揃えておきましょう

キャンドル

使用するときはランタンとセットにして、余震で倒れて火災が起きることがないように気をつけましょう

ランタン

ふだんは、ランタンの中にぬいぐるみを入れたり、花を飾ったりして、部屋のインテリアとして置いておけます

イルミネーションライト

クリスマスに、ツリーや壁を飾るためのイルミネーションライト。災害時はまっ暗なのでライトがあるとホッとします

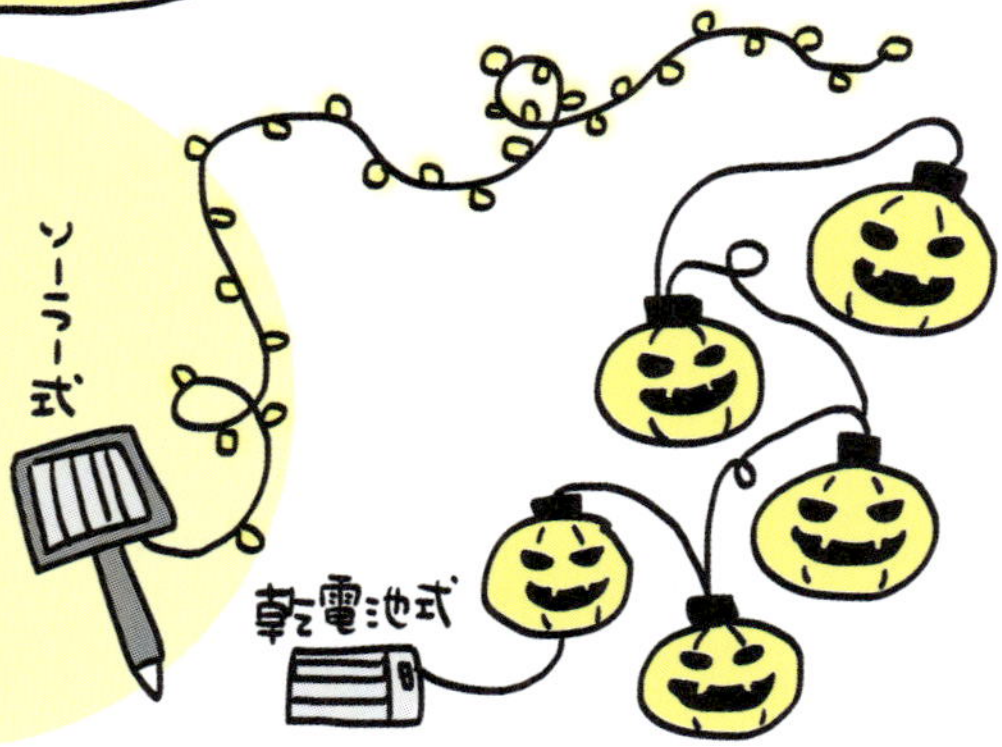

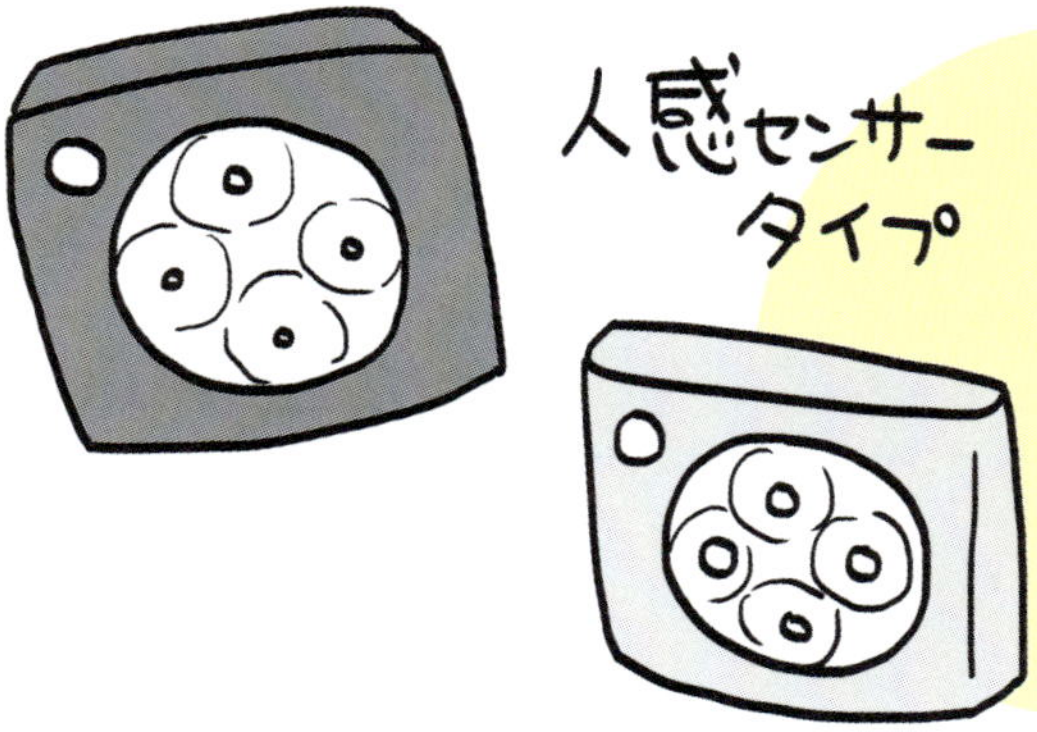

センサーライト

廊下などに設置しておくセンサーライト。停電すると、トイレに行くのにも足元が見えないので、あると便利です

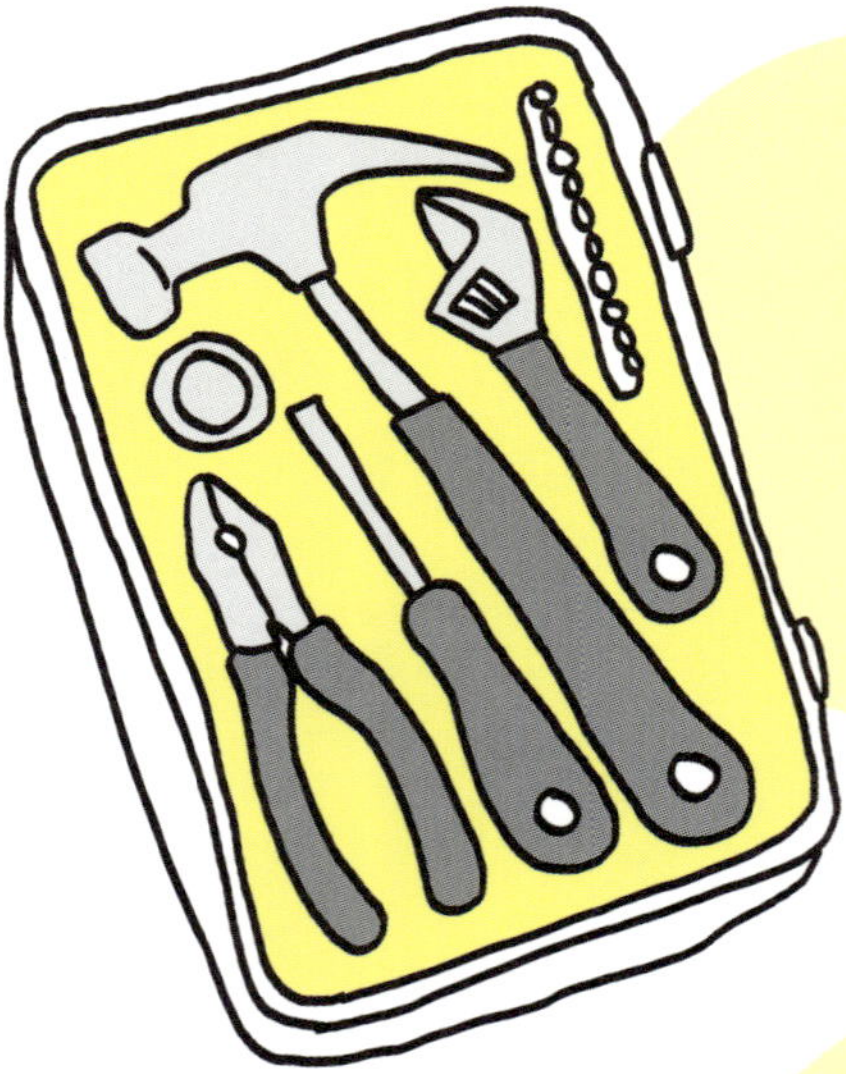

工具

ごっつい工具も、イケアのボックスだとスタイリッシュ。一通り揃っていて置いておきやすいカタチです

キッチンバサミ

サビに強いステンレスのキッチンバサミ。食材はほとんどこれで調理。これが一番被災生活で役立ちました

ピーラー

根菜などのストックがあって、水がなくて包丁を洗う水がないときなど、ピーラーがあると便利です

スライサー

こちらも、便利な調理器具。おろし・千切り・スライスなど自在に使えるタイプもあり、包丁がなくても調理可能です

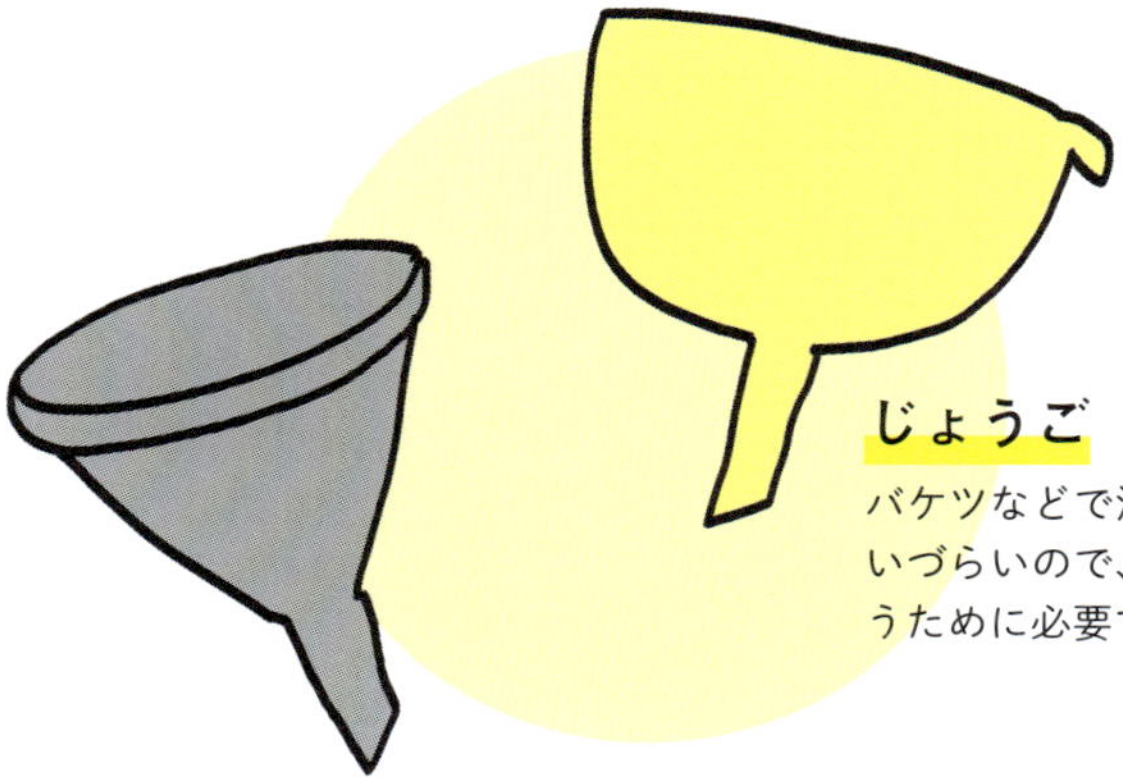

じょうご

バケツなどで汲んできた水はそのままだと使いづらいので、ペットボトルなどに移して使うために必要です

バケツ

イケアのバケツの中でも、注ぎ口がついていて底にも注ぐときの取っ手がついているものが便利でした

S字フック

S字フックやアンティーク風のうちかけ。インテリアの邪魔をせずにかわいらしくロックしてくれます

スプレーボトル

花の水やりや化粧水用のスプレーボトルは、プチシャワーやトイレの際の洗浄に使えました

簡易トイレ

100均でおなじみの防災グッズ。災害時以外に、子連れでのドライブの渋滞などの際にも役立ちます

衛生グッズ

包帯などの衛生グッズも100均などで簡単に手に入ります。必要なものを見極めて揃えましょう

転倒防止シート関係

家具の転倒防止、家電などの落下防止用のシート。小物類も散乱すると大変なので固定しましょう

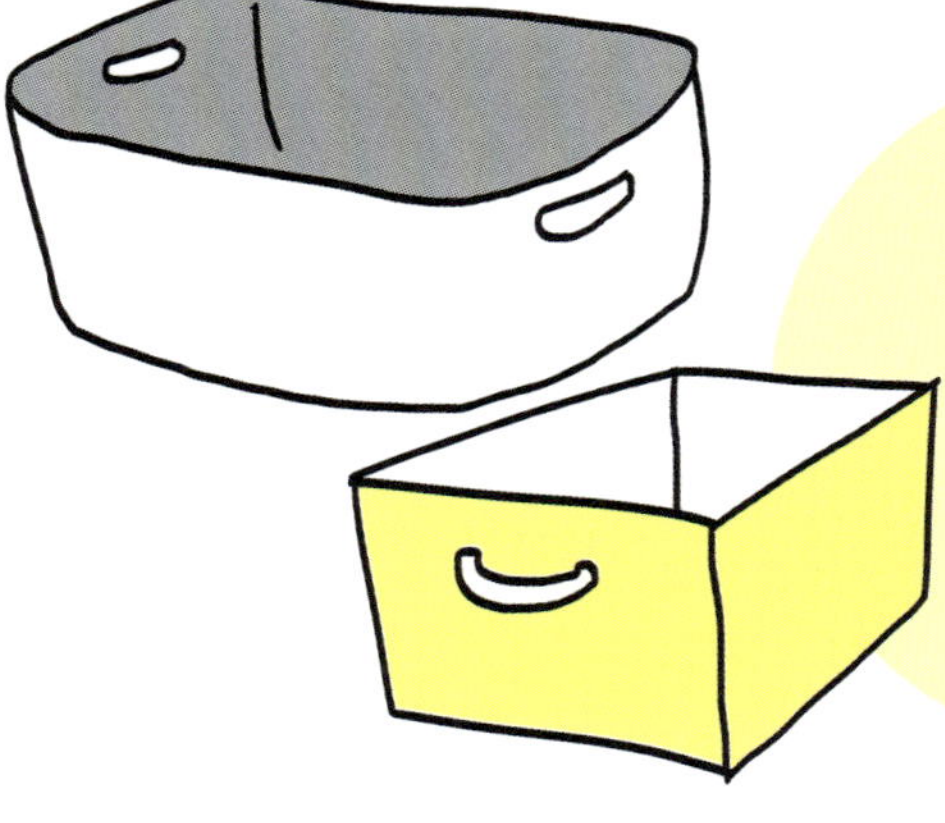

ボックス

化粧品など揺れで割れたり、散乱したりするものは、あらかじめボックスにまとめておきましょう

COLUMN

女性・子どもの防災について

震災後、息子豆キチにはハウスダストアレルギーがあり、防火倉庫の毛布や持ち寄られた布団などの中で過ごすのは難しく、避難所には行きませんでした。

避難所で過ごした家族の中には、食物アレルギーを持つ子どももいて、配給されたものが食べられなかったそうですが、アレルギーに関する知識のない人から「こんな非常時に好き嫌いを言って！」と言われたという話も聞きました。特別なニーズのある子どもがいる家庭では、専用の非常食の備えも必要です。赤ちゃんの場合は、ミルクやミルク用の水、オムツの蓄えを十分にしておくようにしましょう。

自宅避難でも、保育園や幼稚園は閉園していて、子どもは暇を持て余し、ママたちは片づけや家事もままならず、大変なストレスを抱えていました。自宅で子どもが退屈しないよう、電気を使わないおもちゃや絵本などを揃えておきたいところです。

女性の防災として考えておきたいことがあります。それは、防犯。とても悲しいことですが、災害時には犯罪が通常時に比べて3倍に増えるというデータがあります。被災した女性のために設置されたホットラインには震災後、暴力や強姦などの相談が数百件寄せられたそうです。停電中の夜は自宅付近でも真っ暗ですし、避難所に設置されているトイレは少し離れた場所にあるため、十分な注意や対策が必要です。可能な限り自宅避難で、夜は外に出ないですむよう、日ごろから備えておきたいところです。

避難所でのできごととして、入浴もままならない中、膀胱炎で苦しんだ女性が多くいました。生理用品以外にも、携帯用ビデやボディシートなどの備えも必要です。

3

ミニマル防災

スッキリ生活で災害に備える

ミニマル防災に出会う

「ミニマリスト」という言葉が世に出てきたころ……
こんなにモノがなくてもしも災害が起きたらどうするんだろう
と思っていました
ミニマリスト大特集!!
2016年の夏とあるイベントでミニマリストさんたちと会う機会がありました
おお！オーラがスッキリしている
話をしてみると
うちは週に1回だけ買いものに行きます日持ちする食材を多く買っていますよ
そうそう
うんうん
モノが少ないから地震がきてもあまり落ちるモノがないんです
まるで、雷が落ちたような衝撃を受けました
ズゴーン
東日本大震災では自宅を片づけていて逃げ遅れた人や散らかったモノの中から貴重品を探している間に津波に飲み込まれてしまったという話をよく聞いたけど……
BANK
地震がきても散らからないようにすればいいんじゃや―――ん!!!

それからしばらくミニマリストさんのブログを読みあさり
ホエ〜なるほど〜
自宅のモノの多さに改めて気づきました
ゴッチャリ
わたし絶対ケガする！
とにかく机まわりがきたない!!
家の中を見渡すといつか使うかもしれない使わないモノだらけ
ボロボロの木ベラ
ギリギリ使えるけどぜんぜん使ってないフライパン
ブームにのって買ったけど使ってないシリコンスチーマー
古いミキサー 今は他のミキサーを使っている
5年は使ってない布団
花嫁道具にもたされたけど10年間1度も使っていないミシン
一応とっておいたけど黄ばんでるベビー肌着
ひと目ボレで買った服
カピバラ
スズメ柄のキュロットとか
毛玉だらけの服 部屋着にしようととっておきまったく着てない
ほとんど着てない
多すぎるバスタオル
ボロボロのパンプス
その他たくさんでてきた
いらないモノばっか
まあ完璧なミニマリストは無理ですが
とにかく2、3年使っていないモノは捨てたり売ったりして減らそう
お片づけ♪
お片づけ♪
あっという間に大きなゴミ袋5コに！
まだまだ捨てるモノはたくさん
わたしはゴミと暮らしていたのか？
キュッ

そういえば震災のとき役所に避難していた家族が
家は新しいし全然壊れてないんだけど散らかってるし電気がつかなく暗いから避難所にいるのよー
ゴハンも出るしテレビもあるし新聞もよめる
なーんてことを言っていたなあ
家が無事なら家のほうが過ごしやすい気がするのだけど
散らかっていてまっ暗だと不安なんだろう
震災から半年後に仕事で避難所へいくと
津波の被害でご自宅で生活できない方のお手伝いはしたいのですが……なかにはそうでない方も少なからずいて……
大きな声では言えませんが…
某避難所
市役所
という声も聞きました
まずは自分が被災したときに《散らかって生活ができない》
役所の人も被災してて大変なんだし
っていう状態にならないのがいちばんだよね……
わたしがはじめたなんちゃってミニマリスト生活最大の難所は『クローゼット』でした
ぎゅ〜
こんなに服があるのに
今日着る服がない!!
と叫ぶわたしのダメクローゼット
いざ捨てようとすると
うーんでもこれ痩せたら着れるかも……しれ……
はっ

そう言って何年
この服眠ってるん
じゃーい！
2〜3年
きてないヤツ！
とにかく
出てこいや――！
バフッ
ゴミ
迷ったら着てみる
なんか古くさい！
産前に
買った服は
体型に合わない
短め丈はもう
似合わない！
ヒザが
老けてる！
そんなやつが
いっぱい
結果クローゼットの中身は
半分になり
何という
ことでしょう！
空いたスペースに
防災用品が置ける
ではありません
か〜！
ちなみに防災用品と言っても
入っているのはこんな感じ
イケアの
ティーライト
キャンドル
キャンドルを
安全に
使うための
ランタン
（イケア）
←ライター
救急セット
消毒液
バンドエイド
カット綿
おしりふき
ラジオと
電池
水
水
急に生活を変えるのは難しい
でも少しずつ
『ミニマリストメガネ』をかけて
見直し隊
今日は
シャワーの
ついでに
お風呂の
見直し〜
ゴロゴロ
もう
遊ばない
アヒル
古い
ボディソープ
ほとんど
使わない
スポンジ
古い
ヒゲそり
生活を見直して
モノを減らしていくと……

インテリアもスッキリ！
収納の稼働率もアップ！
納戸に余裕♪
私のデスクまわりはまだ手つかず…（汗）
そして、防災力が上がる！
↑パソコンチェアにしているバランスボール
完璧を目指さなくても
お片づけとミニマルな視点を意識するだけ
これって最高の
防災術かもしれない！
特に田舎のおばあちゃんたちってモノを溜め込みすぎだからなあ
とにかくモノだらけの台所
たんすとドレッサー
奥に何が眠っているのかわからない押し入れ
茶だんすいっぱいのティーカップやグラス…そして置き物
やたらデカイTV
置き物多数
そのうち実家もお片づけしよう

そんなある日
ミニマリストブロガーの
ぽかりさんに会いました
はじめまして
ぽかりです！
ぽかりさんは
宮城県気仙沼の
両親が
被災したことを
きっかけに
防災に力を入れはじめたそう
気仙沼
石巻
仙台
実家は津波の
被害には遭いません
でしたが物資不足で
大変でした
現金が手元に
あるのに買う
場所もモノも
ない状態
だから備蓄の
大切さを
実感しています
わかります〜
なるほどー
編集者のMARUさん
大きな地震があると
みんな一瞬備蓄を
心がけますがなかなか
続かないんですよね
どうしたら
いいんでしょう？
急に生活を変えるのは
難しいと思いますが
少しずつ『習慣』に
していくことで
それが生活スタイルに
なっていくと
思いますよ！
自分の生活の
負担にならない
小さなことから
はじめれば
続けられ
そうですね！

必要なのモノを見極めて、適切に持つこと

ミニマリストという言葉が世に出てきたとき、お片づけ上手でモノを極力持たない生活を送っている人たち……という印象があったのですが、ぽかりさんに会ってイメージがガラリと変わりました。

たしかに、最小限のモノしか持たない生活がベースではあるのですが、それは《何もないすっからかんの生活》ではなく《使っていないものを整理してスッキリと暮らすけれど、必要なモノは適量を持つ》というシンプルなスタイルなのだと知りました。

必要なモノ……そう、防災グッズや適切な備蓄は、生きのびるために必要なモノだということなのです。

ぽかりさんは、埼玉県在住、気仙沼出身。東日本大震災のとき、ご実家は高台にあったため津波の被害も受けず、ご家族も無事だったそうですが、そのあとの物資不足の深刻さ

収納がスッキリしたら
その分防災グッズを
収納できちゃう!!
おいしい水
12本入

を目の当たりにしたといいます。「物流が滞るとお金でモノが買えなくなる。災害が起きたとき、自分と家族がまず無事に生き延びられるような家にして、備えをしたい。用意があれば、隣人や近くの親族とも助け合えるかも」と思ったそうです。

この考えには大いに同感です。《被災した場合は、避難所へ行けばなんとかなる》と思っている人も多いと思いますが、実際に、避難所で過ごされた人の多くは、見知らぬ人と雑魚寝しながら過ごす状況に大変なストレスを感じていました。

また、幼い子どもがいる場合は、子どもがいつ泣き出すかわからずヒヤヒヤしながら過ごし、泣き出すと周囲から「うるさい!」という声が飛び、結局は外で子どもをあやしていた人もいました。子どもにとっても、避難所でおとなしくしているのは難しいもの。自宅が無事である限りは、自宅で避難生活が送れるようにしておくのがベストだと思います。

ぽかりさん曰く「ミニマルな生活は、そのまま防災につながっています」。大型家具が少なければ、倒れてくる心配は減り、モノのないスッキリとした生活は災害時に家の中がモノでグチャグチャになるのを防いでくれます。空間に余裕ができれば、防災グッズや備蓄を増やしても、収納場所に困ることもありません。

わたしも、このミニマル防災の視点を取り入れてから生活がスッキリして楽しくなりました。

日本にいる以上、地震は必ず起こります。ストイックになりすぎたり、ナーバスになりすぎたりするのではなく、生活の一環として楽しみながら、自分にできる範囲でミニマル防災に取り組んでみては?

お蔵入りさせず、使いながらストック

　ぽかりさんが行っている食料備蓄の基本は、ローリングストック法。
　非常食は緊急用と割り切って、在宅用の備蓄は普段の買いもので買い、使うというスタイルです。
　テントや車中泊、疎開、親族支援などのケースを想定し、容器ごと持ち出せるよう、蓋が上にも前にも開くスタックボックスや発泡スチロールの箱を使用し、アクセスしやすいようダイニングやキッチンの吊り戸棚に設置されています。
　調味料の予備は流しの下の引き出しに、ペットボトルや水、米は重量があり災害時には凶器になるため、床下収納やキッチンカウンター下、別室の納戸などに分散して保管することで、自宅の一部が倒壊するなどした際にも、防災食全滅のリスクを回避。とっても機能的で、スッキリします。

すぐに食べられるモノ

調理不要でそのまま食べられる食品類。もちろん、スプーンやフォークも同じストッカーに入れておく

スタックボックス

そのまま持ち出せる。扉がついているので見た目もゴチャゴチャせず、モノが飛び出さない。軽量なので危険度が低い

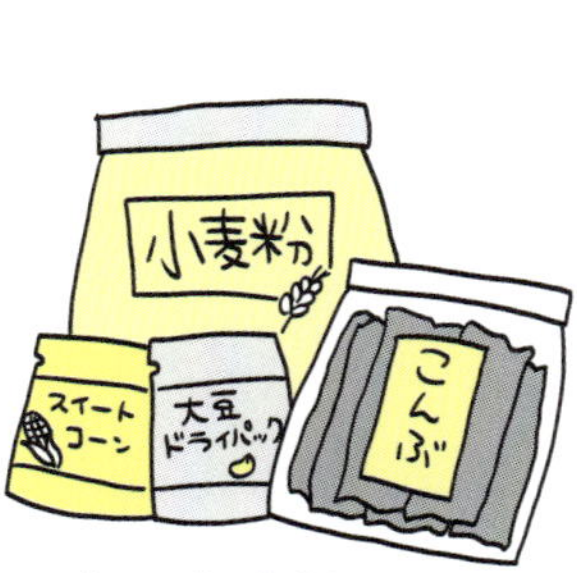

調理が必要な食材

小麦粉などの粉ものや調理済の惣菜パック、水煮大豆や昆布などを常備。消費期限を忘れないよう毎月点検

お湯だけで調理可能

お湯を注げば食べられるモノ。消費期限が近いモノから、ぽかりさんのひとりランチや旦那さんの夜食にしている

床下収納を活用

ペットボトルの水や米などの重たいものは、床下収納やキッチンのカウンター下、別室の納戸へ

軽いものは吊り戸棚へ

カタチが不揃いで軽量のカップラーメンや菓子、嗜好品や青汁などを常備。消費期限前に夜食などで消費

「まごわやさしい」は非常時にも有効

ぽかりさん曰く「わが家も一度に大枚は払えないので、週一回の買いもののついで、その予算内で定番品を買い足しながら生活しています」とのこと。食の事情は年齢や家族構成、身体事情、病歴、金銭事情などによって変わってくるので食費の範囲で上手に備蓄を増やせるとよいと思います。

ぽかりさんがテーマにされていることのひとつに《まごわやさしい》を意識した備蓄があります。

《まごわやさしい》とは、最近注目されている食事法のこと。栄養バランスが取れる食材の選びかたをわかりやすく表したものです。

また、冷蔵庫がなかったころから伝わる食文化なので、保存がきく食材が多いのも特徴です。栄養バランス満点で、さらに日持ちがする食材をベースにストックしながら消化するというのは、健康にもよい備蓄法です。

まごわやさしい備蓄の中身

魚(さ)

魚の缶詰や鰹節、あごだし、にぼしなど。震災後はたんぱく質も不足。魚で鉄分を摂取することも可能

しいたけなどのきのこ類(し)

乾燥しいたけ、乾燥まいたけやしめじなどを常備。ビタミンや食物繊維が豊富で、免疫力をアップ

いも類(い)

いも類や根菜は、日持ちがするので備蓄に最適。週に1度の買いもので買い足し、1週間分は常にストック

豆類(ま)

豆の乾物や水煮、高野豆腐など。高たんぱく質で、ビタミン・食物繊維が豊富

ごま(ご)

ごまやナッツなどの種子類。たんぱく質・食物繊維・カルシウム・ミネラルなどを含む

わかめなどの海藻類(わ)

乾燥させたわかめや昆布、ひじきなど。たんぱく質・ビタミン・ミネラル・食物繊維が豊富

野菜(や)

根菜やフリーズドライの野菜、水煮パック、青汁、野菜ジュースなど。ビタミンやミネラルを補充

毎日持ち歩くからこそミニマルに

東日本大震災のあと、外出時の災害に備えてわたしの持つバッグは大きくなっていきました。でも、やはり気張った防災は長続きしないもの。オシャレ度も低いため、徐々に怠慢になっていきました。

これだけしっかりていねいに防災に取り組まれているぽかりさんは、きっと、日頃持ち歩く防災バッグもさぞしっかりしたものだろうと思ったのですが意外にも「常時携行品はポーチひとつですよ」という答えが。

とはいえ、毎年衣替えの時期に点検し、中身を入れ替えているというところがさすがです。もちろん、外出先により中身は変わるそうですが、これだけコンパクトにまとまった理由は「スマホ充電は1回満タンにできればよし」「地震がきたらバッグで頭を守る」など、被災時のイメージとあきらめポイントを設けたところだそうです。

生理用ナプキン
非常時 突然生理に なることも 想定しておく
ポケットティッシュ ウエットティッシュ
汚れた 手をふいたり ボディーシートの 代わりにも
ホイッスル
小さな力で 音が出て くわえたまま息が できるもの
バンダナ
頭に巻たり ふろしきの代わりにも
凝固剤とビニール袋
凝固剤
エチケット ビニール
簡易トイレとしても 嘔吐袋としても使える
ペンライト
他の機器に 使えるので 単3電池を 使うタイプ
キャンディ
少しでも 口に入れる ものがあると 安心
ぽかりさんの バッグの中身 大公開!!
ラジオ
こちらも 電池式のもの
歯間ブラシ
歯ブラシは 水がないと 使えないので!
ケータイ充電器
電池式で 1回満タンに なるもの
常備薬・ハサミなど
ハサミや安全ピンは 普段の生活でも活躍
マスク
避難時に 粉塵を吸わないように!! 避難所での 感染予防にも
スキンケアクリーム
保湿クリーム
クリームなら 緊急時 メイク落としになる
カイロなどの 保温グッズ
季節によって 必要なものを備える
サバイバル 保温 シート
カイロ

非常用持ち出し袋でまずは１日分の備えを

非常用持ち出し袋というと、パックで売られているものをイメージする人も多いと思いますが、実際の避難を考えた際は、あまり使わなかったり、量が足りなかったりすることが多く、個人的にはあまりおすすめしません。

また、水は1日大人一人あたり2リットルと言われていますが、女性でこの量を持って走れるかというとなかなか難しいもの。安全に持ち出せる量を目指したいところです。

ぽかりさんの非常持ち出し袋の重量は、わずか3.6kg。

「あくまでも持ち出すものは、個人に必要なもの。まずは命が助かることが大切だから軽めに」とぽかりさん。

非常用持ち出し袋は被災直後に避難するためのもので、まず災害直後に必要なモノを揃えています。避難時のことを考えたサージカルマスクなどが印象的でした。

二次持ち出し袋は、ケガでも使える前提

「二次持ち出し袋は2日分を備えるようにしています」とぽかりさん。

これは、ぽかりさんのご自宅が海からも山からも離れていて、災害時に帰宅可能である確率が高いことを考えた備え方だそう。

玄関先に置かれている二次持ち出し袋は、ボストンバッグに入れたモノたちをさらにスーツケースに入れた、入れ子式。道路の状態を見極めて、どちらでも選択できるようにしているのだそうです。

医療品は使用期限をチェックして、1年を切ったら新しいものに交換。先に買ったものを家族で使っていてとても効率的!

冬の備えは特に防寒に気をつけつつ、震災でケガをしていても使えるよう、手間がかからないものをチョイス。

「モノ選びは、個人の事情や必要なものを」とぽかりさん。参考にしながら備えを見直してみましょう!

家を新築する際も、防災について考える

東日本大震災では、多くの家屋が失われ、中には建てたばかりでローンだけがまるまる残ってしまったという話も多くありました。

ぽかりさんのご祖母宅も全損扱いだったそうですが、幸いローンは残っておらず、瓦礫撤去で更地になったそうです。

この経験を踏まえて、自宅建設の際は、津波がこない地域を選び、地盤調査や建物の構造をしっかり確認できる注文住宅を選択。防災ミニマル生活はここからはじまっていたんですね。もちろん、自宅建設には予算があるので、少し都心からは離れた土地を選び、贅沢な設備を省いたと言います。

また、家の中にはガラス戸棚はいっさいないそうですが、モノを必要最小限に抑えたミニマル生活の中では、不便はほとんどないのだとか。

まっ暗になったときのための残光灯

ぽかりさんの自宅の備えとしては、停電時してからもしばらく光が残る残光灯や壁づけの常備灯、蓄光テープなどを必要な箇所に設置しているのだそうです。また、震災で自宅のドアが開かなくなったときなどのために、大小2つのバールを常備。

夫婦で自宅のどの場所で被災したかによって、どう避難するのかをイメージトレーニングしているということ。たとえば、「1階なら頭を守りながら出口を確保。2階ならエアコンや窓から離れて耐力壁側に待避して、コンロや水回りからはすぐに離れる」のだそう。

「テーブルの下に隠れるのはあくまでも一般例。老若男女、個々の身体事情や住環境は異なるので、あくまでも、自分の家の場合なら、どの場所でどう避難するのかを考えておく必要があると思います」

使い勝手がよいかどうか、試してみよう

東日本大震災のあとも、熊本地震、鳥取地震と地震が絶えない日本。心配になって、防災本を読んだり、非常用持ち出し袋セットを購入した人も多いと思います。

が、大切なのは、いざというときに使えるのかどうかということ。

ぽかりさんは、ローリングストック法をベースに、食材や日用品を消費しながらストックされているので、その都度、使いやすいもの、食べやすいものへとブラッシュアップしているのだそうです。

食べてみる以外にも、断水したときにビニールやラップを使って調理する方法を試したり、冷凍保存において自然解凍で食べられるものを作ってみたりしているのだそう。防災だと思うと面倒に感じる人もいると思うので、普段の家事の延長で、気軽に試してみましょう。

ラップを活用してみる

防災グッズとして色々活用できるラップやビニール袋。

ぽかりさんは、蒸し器やスープジャーなどでも、容器が汚れずに使えるのか試しています。

日頃使っている調理器具が、水が使えないときに、汚れないようにするための工夫は、普段の家事の延長で可能。ぜひ試してみたいところです。

味噌をしその葉で巻いて
しそ巻き
ヨウジに刺して油で揚げたもの

食べ方の工夫

備蓄のホットケーキミックスや小麦粉を消費しながらポリ袋を使って調理。トッピングに缶詰フルーツを使ってみたり、東北の郷土料理「しそ味噌巻き」をつくって冷凍してみたら自然解凍で食べられるとわかったのでプランターでしそを栽培したりしているぽかりさん。家事の工夫がそのまま防災につながっています。

携帯トイレの使い勝手

防災用に、携帯用の簡易トイレを購入しつつも、そのまま放置している人は意外に多いのでは……。

「実際に使ってみると、目隠しのポンチョなどが必要だということもわかります」とぽかりさん。使いづらい、臭いが気になるなど使ってみないとわからないことが多数あります。

使ってみよう!!
ケータイトイレ
簡易トイレ

ペットの備蓄や避難方法も大切

東日本大震災のとき、猫を飼っていた実家では、猫砂の調達ができなくてとても苦労していました。当然、避難所でペットのためのグッズやフードは配られてはいません。

また、犬や猫と一緒に避難所に行った人は、受け入れてもらえずに真冬並みの気温の中、屋外や車中泊で過ごした人も多くいました。ペットも大切な家族の一員。意外と見過ごしがちですが、避難方法や備蓄についてしっかりと考えておきたいですね。

ぽかりさんのご自宅にも2匹のかわいらしい猫がいますが、さすがは防災ミニマリスト。愛猫への備えもバッチリ。驚いたのは、日常の中でネットに慣れさせるなどの防災訓練を猫にも行っているということ。

避難についても、キャリーケース、カート、リュックサックなど、必要に合わせて検討する必要がありそうです。

避難用のキャリー

ぽかりさんが用意しているのは、プラスチックのハードタイプのキャリーでショルダーベルト装着可能なもの。2匹いるので、カートでも運べるようにするためだとか。

津波の多いエリアで高台への避難が必要な場合は犬猫用のだっこひもやリュックサック、猫用のハーネスなども検討しましょう。

ネットに慣れさせる

ペットの種類によりますが、猫や小動物の場合は、ネットに入れての避難が安全。ぽかりさんは、防災訓練を兼ねて、つめ切りや病院へ行くときには愛猫をネットに入れて慣れさせています。

いざというときに病気にならないためのワクチンや健康診断、マイクロチップや迷子札は必須です。

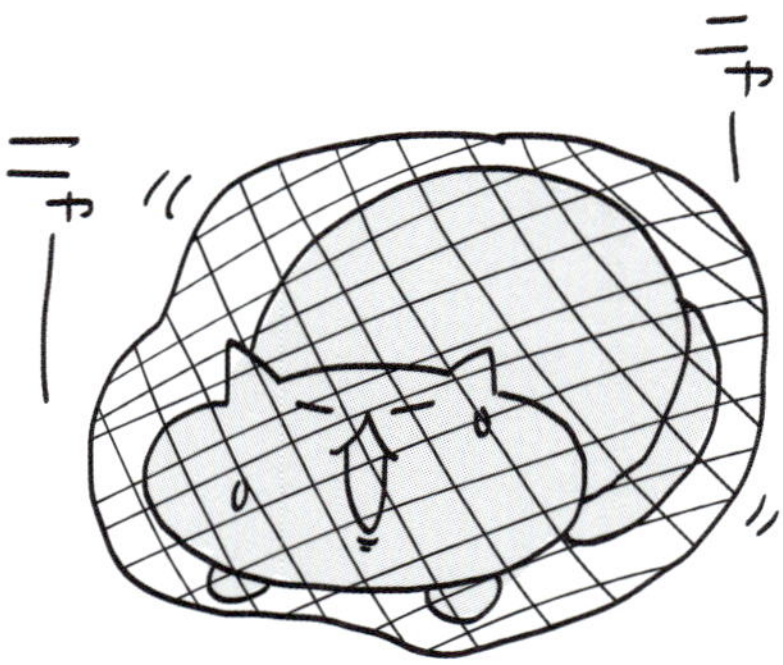

食べもの・トイレ

非常持ち出し袋にも猫用のドライフードと水、カップを用意しているぽかりさん。

猫砂のストックは1カ月分。さらに、紙くずや古新聞紙を砂代わりに使えるように手動式のシュレッダーを設置しているのだとか。

食とトイレは人間と同じく大切なポイントです。

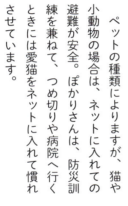

COLUMN

自宅の耐震性について

２０１６年の12月。１２０棟が全焼した新潟県糸魚川市の大規模火災で、１軒だけほぼ無傷で残った「奇跡の木造住宅」のニュースを覚えている人も多いのではないでしょうか。家主が「丈夫な家を作ってほしい」と地元工務店に頼んで建てた特別仕様だったと報道されていましたね。

燃えなかった理由は、普通の住宅とは違って、一部に耐火レンガが使われ、火に強いステンレスのトタン板を外壁に使い、暴風に備えて窓はワイヤ入りの二重ガラスだったこと。屋根は火の粉が入りづらいように、洋瓦を隙間ができないように敷き詰めていたのだそうです。

さらに、家が建っていた場所にも注目されていました。家の周囲は小道や燃えにくい松林などに囲まれ、火事から守られたのです。

自宅を建てる際、震災に強い家にすることは、自宅をシェルターにするための重要ポイントです。最近は、ソーラーパネルをつけたり、大きな家具を造り付けにする人も多いですよね。わたしも震災後に自宅を建てましたが、まきストーブを設置しました。これで、冬の震災で寒い思いをしなくて済みます。豆キチに火のおこしかたを教えるという点でも、サバイバルスキルアップになっているように思います。

マンション購入する際、賃貸で引っ越しを考える際にも、震災に強い建物なのかどうか、考えてみることは大切なことのように感じます。

もうひとつ、都心に住んでいる人は特に、自宅の周辺に小道や駐車場などの空間に囲まれた場所を選ぶなど、火災に強い場所を選ぶことも防災への大切な取り組みなのではないでしょうか。

4

さらに知りたい防災

もっと安心して暮らすために

都心のママから学ぶ自分目線の防災術

ソフト面？それって何ですか？
給食のソフト麺とはちがいますか？
ちがうわ!!
●地域コミュニケーション
●家族のルールの徹底
●自分の目線で考え防災用品を揃える事
この3つです！
ぐい
地方で暮らすわたしですら町内会とかちょっと避けがちなのに……
都会でご近所さんと関わりを持つのはハードルが高いですよね
うーーむ
ですが「遠くの親戚より近くの他人！」
ご近所さんとの関係が災害時には大きな力になるんです
確かに……
ぜんぜん
ご近所づきあいしてなくて…
ぐっ
震災当時町内会の人が運営していた給水所に行ったら
あんまり見ない顔だけど
町内会の人だべか？
って言われたっけ……
○○町内会 給水所 2Lまで
こんなこと言われたの!?
ヒャーーーッ
家族のルールはみんなが共有していることが大切
避難場所くらいは決めておかないと家族がバラバラになっちゃいますもんね
小学生は今どこっ
保育所に先に行くべき？
ママ
ベビー
バブー
パパもママもいない どうしよう…
子ども
子どもは？ママが？
パパ
オレはどこに？
自分の生活や家族のことを考えて
それぞれの家族に合ったルール作りが大切なんです！

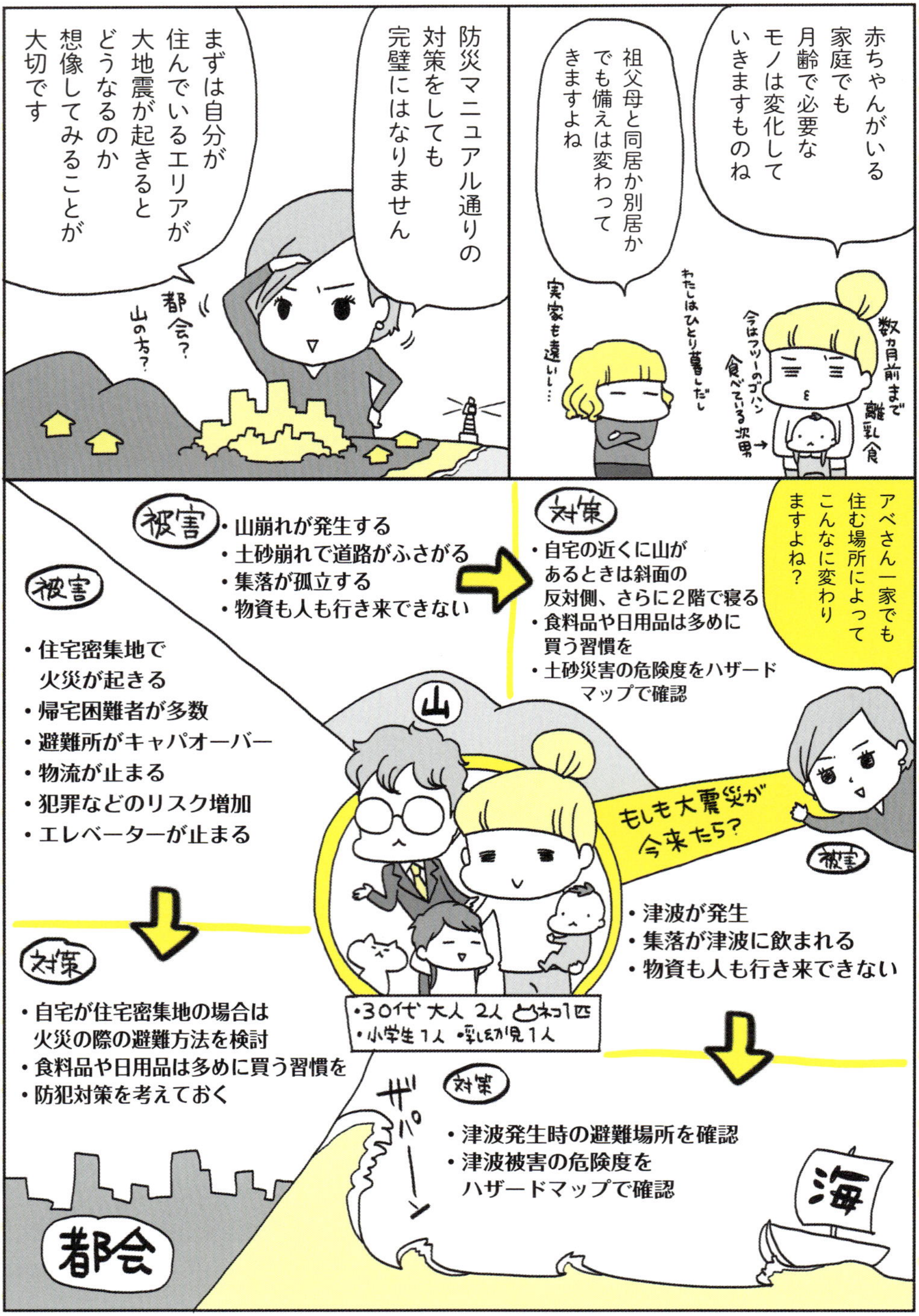

赤ちゃんがいる家庭でも月齢で必要なモノは変化していきますものね
数カ月前まで離乳食
今はフツーのゴハン食べている次男→
祖父母と同居か別居かでも備えは変わってきますよね
わたしはひとり暮らしだし
実家も遠いし…
防災マニュアル通りの対策をしても完璧にはなりません
まずは自分が住んでいるエリアが大地震が起きるとどうなるのか想像してみることが大切です
都会？
山の方？
アベさん一家でも住む場所によってこんなに変わりますよね？
もしも大震災が今来たら？
山
被害
・山崩れが発生する
・土砂崩れで道路がふさがる
・集落が孤立する
・物資も人も行き来できない
対策
・自宅の近くに山があるときは斜面の反対側、さらに2階で寝る
・食料品や日用品は多めに買う習慣を
・土砂災害の危険度をハザードマップで確認
被害
・住宅密集地で火災が起きる
・帰宅困難者が多数
・避難所がキャパオーバー
・物流が止まる
・犯罪などのリスク増加
・エレベーターが止まる
対策
・自宅が住宅密集地の場合は火災の際の避難方法を検討
・食料品や日用品は多めに買う習慣を
・防犯対策を考えておく
・30代 大人 2人 ネコ1匹
・小学生1人 乳幼児1人
被害
・津波が発生
・集落が津波に飲まれる
・物資も人も行き来できない
対策
・津波発生時の避難場所を確認
・津波被害の危険度をハザードマップで確認
ザパーン
都会
海

すぐに逃げなきゃいけない場所に住んでいる場合は、持ち出しリュックの中身も考えなきゃですね
わたしのようにひとり暮らしだと、それはそれで心配
都会でひとりで生きぬく…
備蓄する量は少なくて済みますが
女性の場合は防犯対策も大事です
避難所に行く場合や災害後の夜道では性犯罪などのリスクもありますから
子どもも注意が必要です
うーん……そうなると避難所にいくのはちょっと嫌ですね
自宅が安全ならなるべく自宅で生活できるようにしたいですね
でもどうしても自宅がキケンだったら…
防犯ブザーを持って避難するとか？
そう!! いざというときを想像するだけで自分にどういう防災が必要なのか見えてきます！
つまり『想像力』こそ『防災力』なんです！
そのとき何が起きるのかを想像することで今の自分に必要な備えをすることができますね！
イマジネーション
imagination
とにかく自分で考える!!

わが家に本当に必要な防災を見極めよう

東日本大震災のあと、関東圏を中心にママ目線の防災講座を展開しているNPO法人ママプラグ。講座の講師として活躍している代表の冨川万美さんに聞いたところ、ママたちにはある傾向があるのだそうです。

「わが子やわが家の心配をされるあまり、防災本やネットの情報に翻弄されて、本当に必要な防災にたどりつけないということもあるんです」

そう、言われた通りに備えても、その家の防災として必要なものになっていないことが多いという事実。わたし自身、震災後に出された多くの書籍などを見ながら「なんか違うなあ」と思うところがあったのですが、その理由はまさにソコ！

わが子、わが家を守る防災について想像してみること。それに合わせた防災をすること。命を守るために必要なのは想像力なのだと思います

自分に合う防災。想像するためのヒント

住んでいる場所、夫の職場、子どもの年齢など、備えは家族単位で違っていなければ、本当の意味での備えにはなっていない可能性も。

では、どうやって想像してみればよいのか……と思う人もいるでしょう。

まずは、自分自身の今の生活スタイルや家族構成、職場、自宅の場所や時間帯を思い浮かべながら、大地震がきたら何が必要なのか考えてみることからはじめてみましょう。

自宅と職場が遠い場合は、帰宅までの道のりについて考えなくてはなりませんし、帰宅困難になってしまった際には一晩過ごせるだけの備えが必要です。昼間家族がバラバラで被災した場合には連絡方法や集合先についてのルールを話し合い、それぞれの備えをする必要があるわけです。

防災は十人十色。家族のための防災について考えましょう。

子どもの年齢など

乳児であれば1週間分のミルクの備えが、幼児の場合は離乳食が作れるような備えが必要となります。また、子どもによってはアトピーやアレルギーなどに合わせた備蓄も必要です。もうひとつ、子どもの場合は、サイズ展開が細かい衣類やクツなども必須アイテムとなります。

都心に居住

都心に住んでいる場合や、ベッドタウンから都心へ通勤で通っている場合、帰宅難民になる可能性が高くなります。また、地下鉄での被災やビルの中に閉じ込められた場合などを考え、常時携行するものについて熟考する必要があります。また、職場での備蓄の見直しや、オフィスデスクへの備えも考えましょう。

郊外や沿岸部に居住

郊外に居住し、主な足が車という場合は、やはり、ガソリン不足が心配です。また車のメンテナンスもこまめに行うようにしましょう。

沿岸部に住んでいる場合は、備蓄品はできる限り2階や屋根裏などにも分散しておくとよいでしょう。避難方法のチェックもお忘れなく。

一戸建てか、マンションか

住んでいる自宅の間取りや形態によっても必要な備えは変わってきます。家から外に出るための動線について考え、必要な場所に必要なグッズを設置しましょう。

また、マンションの高層階に住む場合は、避難生活時の階段の上り下り、生活用水の確保について、考える必要があります。

高齢の家族がいる

高齢者の場合、メガネや常備薬、お薬手帳、入れ歯、入れ歯の洗浄剤など、必要なグッズが増えます。

オムツや介護に必要なモノは避難所でも手に入りづらいので、日々多めのストックを心がけましょう。嚥下機能に問題がある場合は、それに合わせた備蓄も必要。避難の方法についても検討しましょう。

季節の備え

東日本大震災や阪神大震災など、冬や寒い日に起きた災害の影響下、防災バッグにカイロやアルミシートなど、防寒対策を施す人は多いのですが、災害はどの季節にくるのかはわかりません。夏の震災では暑さ対策、とりわけ熱中症対策なども必要になります。衣類を含め、季節ごとに見直す必要があります。

真夏にもしも
停電したら
うーん

メガネ

普段コンタクトレンズを装着している人は、災害時のことを考え、非常持ち出し袋にはメガネを用意しておく必要があります。

また、都会に居住し、帰宅困難になる可能性がある人は、常備携行品としてメガネを持ち歩いておくほうが安全です。いざというとき、避難に困らないようにしましょう。

ウェットティッシュ

考えておきたいのは備蓄する量。手の殺菌だけでなく、身体を拭いたり、汚れを拭ったりするのに大活躍します。小さなポケットウエットティッシュ1袋ではとても対応できません。

ただし、備蓄していると、いつのまにか乾いていることもあるのでこまめに点検しましょう。

アロマオイル

東日本大震災の被災者へのアンケートによると、あってよかったモノで多かったのがアロマオイル。中でもティートゥリーには殺菌作用があり、うがいや手洗いに使用すればインフルエンザ予防になります。

また、気持ちを落ち着けてくれる作用や、しばらく入浴できないとき、気になる体臭をカバーしてくれます。

簡易トイレ

さまざまなタイプのものが販売されている簡易トイレですが、携行用の簡易トイレを大人が使用する際は目隠しになるポンチョや風呂敷のようなものも必要です。

子どもが使用する場合は、袋式のものではうまくできないこともあるので、一度は使用して使いやすいものを備蓄するようにしましょう。

ウォーターバッグ

非常用持ち出し袋がそのまま水を汲めるようになっているものもあれば、100均で購入できる手下げ式など、いろいろな種類がありますが、実際の使用風景をイメージして購入する必要があります。せっかく備えていても、女性一人で運べる重量は限られています。実際に使えるものを検討してみましょう。

衣類

衣類については、季節の衣替えに合わせて備える必要がありますが、持ち出し袋に入れる衣類は、必要な量や種類についても考えておきましょう。夏、汗をかきやすい時期はそれなりの量が必要になりますし、冬の衣類はかさばるため、下着類など汚れるものをメインに備えるなど、備え方に工夫が必要です

熊本地震を乗り切った空港保育園の『つながり力』とは

お話を聞かせてくくださったのはこの4人
空港保育園チーム
平城まき園長
外村智恵主任
九州AST気功クリニックチーム
院長・心理カウンセラー
一村哲生さん
心理カウンセラー
三浦佑子さん
はーいもしもし
MARUさーん
アベさん！
取材をはじめましょう！
早速ですが
東日本大震災との違いを検証したいのですが
まず夜遅くに発生したことです
園児のいる時間ではなかったので
園での混乱はなかったのですが
地震の情報は全然入ってこないし
こんなとき、どこに連絡すればよいのか
どこから指示があるのかまったくわかりませんでした
情報難民になるのは
3・11と同じですね
園児がいなくて
ホッとしたのも束の間で
園児と家族の安否確認ができなくて
LINEやケータイを使って確認したり、
人づてに「○○ちゃんの家族、避難所にいましたよ」って聞いたり
みんな自分のプライベートのケータイで電話したりLINEしたり…
電気
水道
保育園は開けられない!?

その後、保育園が再開まで何かできないかと園に残っていたミルクや届けられたパンを持っていったんですが
ミルク
オムツ
全員に行き渡らないモノを持ってこられても配れません
わたしたちもどうしていいのかわからず
と、受け取ってもらえないモノも
困っているママがたくさんいる！こうなったら自分たちでできることをやろう！
LINEを使ってオムツやミルクなど足りない物資を集めて
SOS
保育園で必要なママたちへ配りました
園に人が集まりママも子どももも笑顔が戻りました
ママは仕事に行けないし子どもも友だちに会えずに不安早く保育園を再開しなくっちゃ！
地震発生から10日後の4月25日保育園を再開することにしました
早いですね！わたしが住んでいたところでは、1カ月以上かかりましたよ！
私立の園だから自分たちの考えで動きやすかったのかもしれません
けどね
ママたちの中には病院や介護施設などで人命にかかわる仕事をしている方もいます
その方々が現場に向かうには保育園が開いていないといけないんです

とはいえ、まだ余震も多かったので子どもたちも不安でいっぱい
先生たちがぜーったいに守るからね!!
と子どもたちに言い聞かせていました
すごい英断！でも、先生たちの精神的な負担が大きいですよね
はい。そこでわたしたちがケアに伺ったんですよ！
頑張りすぎた被災者の方々は
被災後数ヶ月ほど落ち着いてきたころにPTSDが出てくるんです
だから大きな井戸端会議みんなで輪になって今の気持ちを話すエンカウンター法でケアしましたね
自分の心にやっと寄り添えてホッとしました
それまで自分のことは二の次だったので
あっ!!最後に何故熊本では車中泊が多かったのか教えてください!!
熊本と東北との天候の違いですね
台風が多いんです
台風で屋根瓦が飛ばないようガッチリ固定されているので屋根の重さによる家屋倒壊が心配だったんです
たしかに東北は台風は少ない!!
なるほど！東北と熊本の違いは地域性だったんですね！
以上！熊本からお伝えしました！

園長の英断とLINEが多くの人をつないだ

もう!!
自分で支援
するしかない!!

熊本地震のあと、震源地のすぐそばに建つ保育園『空港保育園』の平城まき園長は、自宅が被災した職員を自宅待機とし、それ以外の職員で夜明けとともに園に向かいました。

「益城の街はがれきがすごくて、保育園にたどり着くのが大変でした」

幸い、強い地盤の上に建てられていた保育園は無事でしたが、停電し、断水し、電話は不通。パソコンも使えない状況の中、それぞれ担任がスマホで電話やLINEなどを使って子どもたちの安否確認を行いました。

「断水で、園が再開できないとしても、建物自体がしっかりしているここでなら何かできるのではないかと思いました」と園長。避難所で不足している物資についてLINEやツイッターで呼びかけました。

すると保育士仲間や以前の同僚たちが拡散し、本震の翌日にはあちこち

からオムツや粉ミルク、飲料水、おしりふきなどが、次から次へと運び込まれてきました。

その中には、名古屋から車を運転して運んできてくれた保育園の副園長の息子さんもいました。

手書きのポスターを書き、今度は物資を必要とする人たちへSNSで呼びかけて、園で配布。そのほか、園長の知人の和菓子屋さんから届いた和菓子も周囲の人たちに配りました。

「園を開けていると、それだけで立ち寄られる方がたくさんいました。『ホッとしました』って言う方がたくさんいました。人が集まる施設のあり方について考えさせられましたね」と平城園長。

わたしが住んでいる仙台では、保育園の再開は震災から2カ月を要しましたが、驚くことに、この保育園では、震災からわずか10日後、益城町で一番に園を再開しました。

「断水はしたままだったのですが、経営側に相談をして水を運んでもらい、まずは午前中だけお預かりしました。子どもたちを預かってあげなければ、ママは自宅の片づけもできないし、仕事にも行けないので。何とかして再開しなくてはならないと思いました」

震災から20日後には、給食を再開し、出せるものを提供。職員の子どもも一緒に園で預かり、《今ママたちが必要な支援》を続けました。

SNSなど、必要な道具を効率的に使い、必要とされている支援を率先して行なう……保育園が一瞬で、理想の災害ステーションに早変わりしたかのよう。

どんなときも、ママや地域によりそう、こんな保育園が増えたらいいなと思うと同時に、災害時に必要なのは決断力なのだと感じました。

災害時の対応を確認しておこう

災害発生後、空港保育園のみなさんが一番頭を悩ませたのが、安否確認でした。幸い、先生たちの機転もあって、ケータイやLINEを使った安否確認を速やかに行うことができたと言います。電源さえ確保できていれば、文明の利器の力は最大限に利用できるのだと実感しました。

また、園が再開した際は、お迎えにくる保護者の名前や連絡先をメモするようにし、確実に子どもを無事に保護者のもとへ返せるよう、いざというときはコンタクトが取れるようにしていました。

現在、被災の状態に応じた避難場所について保護者に周知し、いざというときには子どもたちがどこにいるのかがわかるようにしているのだとか。

いざというとき、スムーズに連絡が取れること。その手段を決めておくことも、防災の一部だと思います。

SNSの有効活用

空港保育園はSNSで物資を集め、必要としている人たちへ配布されていましたが、東日本大震災の際にもSNSが大活躍。気仙沼では、SNSからのSOSにより、孤立していた住民446名が助け出されました。

いざというときのSNS。活用法について考え、日頃から、友人や知人とつながっておくのがおすすめです。

保育園や学校との連携

東日本大震災では、保育園や小学校に通う子どもたちが無事、高台に避難しているにも関わらず、親が通常のルールに則って迎えに行き、そこで津波に飲まれてしまったということもありました。想定外の地震は、あれから、熊本、鳥取と、次々に起こっています。保育園や学校との連携について、改めて考えてみましょう。

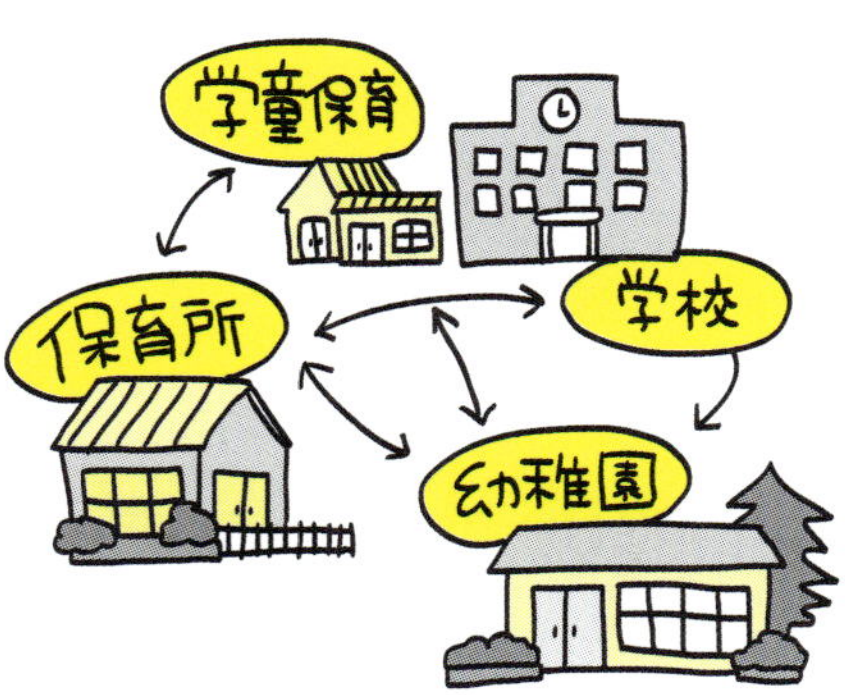

防災メモを作る

熊本地震の際「どこに何の連絡をしたらよいのかがわからなかった」という人が多かったそうです。災害時の避難場所や避難経路の確認はもちろんですが、役所や消防署、ホームセキュリティ、ガス会社、電力会社、水道会社など、必要になる可能性がある連絡先は、メモして持ち歩くようにしましょう。

人と人とのつながりがストレスを緩和

熊本地震のあと、いち早く動いた空港保育園は、地域の人たちの心のよりどころになっていました。

「災害直後は、心理の専門家よりも被災された方同士が『怖かったね』と伝え合い、共感することで癒し合うことができるんです」と言うのは、地元熊本で長年心理カウンセラーとして活動している九州ＡＳＴ気功クリニックの三浦佑子さん。

ＰＴＳＤでの不眠やうつ症状での引きこもりなどは、そのときの感情を表に出せずに心に溜めてしまい、時間が経過したときに起こるのだとか。

東日本大震災後は、数年後には自殺者が急増し、子どもの非行や引きこもりが増加。災害関連死は３０００人にも登っています。

心のケアの問題について考えることも防災の一環だと感じています。

災害直後は人と話す

震災後、空港保育園には保護者もそうでない人も多く訪れ、互いに状況を語り合い「怖かったですね」と涙ぐみながら、ホッとした顔で帰られたと言います。ひとり暮らしの人も含め、人が集う場所で気持ちを吐き出して共感し合うことで、心のケアができるのだそう。いざというとき立ち寄れる場所を持っておきましょう。

子どものケア

園を再開した空港保育園では、子どもたちが不安にならないよう「地震があっても絶対に先生たちが守るからね!」と力強く伝えていたそうです。子どもたちは「先生が守ってくれるんだよ」と言うようになったとか。「大人が安定していれば子どもは大丈夫」と三浦さん。子どもには安心感を伝えてあげましょう。

支援側の心のケア

心のケアという面で一番に取り残されるのが支援者です。支援に回っている人は自身のことを振り返る暇も、悲しみを感じる暇もなく動き続け、数カ月でリミッターを越してしまうことが少なくありません。

専門の機関でケアする必要もあるのだと知っておくだけでも、後々の対応は変わってくるはずです。

ワンランク上の防災力を手に入れよう！

大雨洪水
台風・竜巻
土砂崩れ
山崩れ
すべての災害について勉強するんだね
地震と津波だけじゃないんだな
ニャー
研修レポートを終わらせて2日間の研修講座へ
座学なんて何年ブリ？（笑）
ハザードマップを使った災害図上訓練もあり
初対面の人たちと力を合わせて作業するのって
実際に災害が起きたときと同じだ
コミュニケーション能力ってやっぱり大切だなあ
自分が住んでいる場所 職場、子どもの通う学校
災害リスクを予想し対策をたてることが大切
防災士研修センター 常務取締役 玉田太郎さん
防災士になったらまず自分の家の防災を見直しましょう
そして次は友人や知人、ご近所に防災を広めましょう
まずあなたが生きのびてください
NPO法人 日本防災士会 常務理事 橋本茂さん
コミュニケーション 災害予想力
まずは自宅の防災 わたしがこれまでやってきたことは間違ってなかった
パァァ～
講座は今まで続けてきた小さな防災の答え合わせになりました

＊ AED……自動体外式除細動器。心機能不全となった際に電気ショックを与え、正常なリズムに戻すための医療機器。

直下地震であれば、被害の激しいエリアは限定的です
車で1時間も走れば被害の少ない場所ですから
ただし 南海トラフは 広域なので 話は別ですよ
何かあったときにお互い助け合えるわけですね
そして車!
テレビつきカーナビで情報が得られて、ケータイも充電可能。シートを倒して眠ることができ、防災グッズを積んでおけば最高の『災害シェルター』になります
雨風しのげて
エアコンもある!!
しかし都心に住む人は車を持っていない場合が多いですよね
どうすれば…
その場合はやはり自宅がシェルターになるようにしましょう
災害が起きてすぐに避難所に行っても行政は機能していません
まずは自分の身を守り自宅が無事であればまずは1週間備蓄で生活をし
そのうえで必要に応じて避難所にいくことです
阪神や東日本など大規模災害が発生した際生き残った住民によって周辺の多くの命が救われました
自分が無傷で生き抜ければ要救助者が減り救助者が増える
あなたが生き残れば誰かの命を救えるんです!

大地震だけではない、災害について考える

東日本大震災以降、わたしが考えていた備えはいつも、地震についてのものばかりでした。

防災士の勉強をし、講習を受けてみて一番実感したのは、災害が地震だけではないのだということ。そして、防災にはすべての災害への総合力が求められるのだということです。

この取材で、熊本地震で多くの家屋が倒壊したのは、台風の多いエリアでの防災対策として、屋根瓦が飛ばないようになっていたからだということもわかりました。

仙台は地震の多い地域なので建物の地震への強度には皆自信を持っていますが、ほとんど台風が上陸しないので、台風への備えについて考えたことはありません。この先、温暖化の影響で進路が変わるなどして、上陸した際は、別の被害を受ける可能性があるのだということを知りました。

あらゆる災害に対応する備えが必要

改めて、防災力を身につけるということは、さまざまな災害に対する総合力を上げていくことなのだと感じています。

ではどうやって防災の総合力をアップすればよいのか悩むところではありますが、まずは、自分が住んでいるエリアに起きうる災害について調べておく必要があると思います。

「まずは、役所で配布されているハザードマップで、自分が住んでいるエリアの危険について考えてみてください」と言うのは、NPO法人日本防災士会常務理事の橋本茂さん。

ハザードマップには、地震の際に液状化現象や火災が発生しやすい範囲、洪水や土砂災害、津波の危険度が色分けでわかりやすく記載されているので、まずはこれを基にして、避難方法や、必要な備えについて考えてみるのがおすすめです。

田舎なら車、都会なら自宅を防災拠点に

「地震が起きたとき、車は広くて安全な場所に移動でき、雨風を防ぐことができて、仮眠もできる、わが家の最高の防災拠点になります」と語る橋本さん。

アウトドアグッズを車に備えておくと、さらに防災力がアップ。インドア派のわが家も震災以降、家族でバーベキューをするようになりました。楽しみながら防災力をアップしていけるのが理想です。備蓄品と火を起こせるアウトドアグッズ、キャンプ用品などを備えておくと、いざというとき格段に過ごしやすくなります。

また、車がない人の場合は、やはり、自宅の備えをしっかりと考え、自宅で過ごせるようにし、洪水や津波の恐れがある場合は、避難所で過ごせるように非常用持ち出し袋や二次持ち出し袋の中身を検討しておく必要があります。

避難のタイミングは災害によって変わる

「避難するタイミングは災害の種類と規模によって変わります。災害が発生したとき、どこにいるのか、今はどういう状況なのかを予見し、行動することが大切です」と橋本さん。

いくら、災害発生時の避難先が決まっているからといって、洪水で、すでに道に水が溢れているなら避難所へ向かうよりは、自宅の2階や近くの高い建物に避難するほうが安全です。

また、最近多発している局地的大雨では、あっというまに道路が冠水したり、川が増水したりします。不用な外出は控えるほうが懸命です。

地震の場合も、火災など、二次災害を避ける行動をし、必要に応じた避難をすることが大切です。

広く災害の知識を持ったうえで、その時々起こった災害に対し、次に何が起きるのかを予見していく力が必要なのだと思います。

幅広い知識を身につけ、防災力をアップ

防災士の講習を受けてよかったと思うのは、改めて、災害の基礎知識を学べたこと。自分の体験からポツポツと行ってきた防災の方法が安全なのか、チェックできたことです。

また、救急救命やAEDの使い方などを学んだことで、日常生活の中で事故などに遭遇した際にも、パニックになることなく目の前の命を救うことができる気がします。

防災士、と言うと、支援者側の資格のように思われそうですが、橋本さん曰く「一番大切なのは自助。自分の命が無事でケガをしない、自宅が壊れないこと。自分が無事でこそ、他の人を助けることができるのです」

地震大国日本においては、すべての人が防災への意識を高め、自分の命、家族の命を守ることができることが大切。防災士資格の取得もその一歩なのではないかと思います。

自分の防災を軸に、輪を広げていこう

災害に対する正しい知識を得て、いざというときに自分自身の身を守る手段と生き延びるための備えがあれば、それだけで、冷静な判断ができ、パニックにならずに済みます。

わたしも、東日本発生時には、正しい対応の仕方がわからずに、津波がきている沿岸部に向けて車を発進させるなど、自分の身を危険にさらしていました。今、命があるのは、本当に運がよかったからだと思っています。もし、今の知識があれば、もっと安全な対策がその場で取れたはずです。

防災、というとそれだけで重たく感じ、億劫になりがちです。だからこそ、日常生活の中にいかに簡単に取り入れられるかキーワードになります。

自分自身がその瞬間、どう身を守るのか。そこを軸に日々の生活に防災を取り入れて、防災意識を高め、家族や周囲に伝えていくことが大切なのではないかと思います。

想像し、行動することの大切さ

この本を作る過程で、思ったことがあります。それは「わたしの被災体験をもとにした自己流の防災では、すべての人に当てはまらないのではないか」ということでした。

そこで、自分でも防災士の資格に挑戦して知識を深め、取材を通じて「自分に必要な防災」を確立していく形で本を作っていきました。

取材を通じて改めて実感しているのは、防災は、オーダーメイドなのだということです。自分自身に起こりうる災害について調べたりシミュレーションしたりしながら、具体的な対策を取ることが大切です。

災害が起きても、生きている限り、生活は続きます。

朝起きてから寝るまでに使っているモノや必要なことを見直してみましょう。そして、自分仕様の防災に取り組んでいただけたらと思います。

支援する立場の人について考える

今回の取材を通じてもうひとつ、改めて考えさせられたことがあります。それは、支援者でありながら被災者である人たちの心のケアについてです。

東日本大震災の際、消防士や警察官など、多くの人を助ける立場にいた人の中には、震災からずいぶんと時間が経ってから、うつ状態になったり、性格が変わってしまったりした人も少なくありませんでした。

熊本地震で、物資を集め、市内で最初に預かりを再開させた空港保育園の先生がたも「最初の3カ月は自分自身の心労を感じる暇などまったくなかった」と言われていました。心の疲れを感じたのは、状況が落ち着いてきたころだったのだそう。

いざというとき、地域の拠点になる場所で活動をされている人は、いざというときの心のよりどころを持っておいてほしいと思います。

東日本大震災や熊本地震で、大切な家族や日常を失ってしまったすべての方に心からお見舞い申し上げます。

未曾有の大震災のあとも、日本には何度も大地震が起こっています。

3・11から5年が経った節目に《自分の体験を何かに役立てないか》と、ツイッターではじめた「1日1防災」。わたしが震災時にあってよかったと感じたモノや、震災後にはじめたことを、1枚のイラストと文字で発信すると、多くの人がリツイートしてくださり、テレビなどでも取り上げていただき、反響の大きさに驚きました。多くの人が、いつくるかわからない地震に大きな不安を抱いているのだということを改めて実感したのでした。

そんなとき、学研プラスの亀尾滋さんから「本にしましょう」というお声をかけていただきました。

当初、津波の被害に遭うこともなく、避難所で過ごしたわけでもないわたしが被災ママとして本を書くことに、《本当にわたしでいいのだろうか》と悩みましたが《少しでも防災を楽しいと思ってもらえれば》《わたし自身が知りたいと思っていることも取材してみよう》と思いなおし、無事、カタチにすることができました。

本の取材に快く応じてくださったみなさま、制作に携わってくださったみなさまに、心よりお礼申し上げます。

防災は、いきなり100を目指すと息切れしてしまいます。楽しみながらゼロを1に、1を2にすること。それが、いざというとき、命を救うことにもつながるのだと思います。わたしのちいさな試みや取材したみなさんのお知恵を参考に、ぜひ、1日1防災、はじめてみてください。

最後に、東日本大震災で今もなお行方不明の方々が、愛する家族の元に帰られることを、心から願っています。

2017年2月吉日

アベナオミ

スペシャルサンクス

取材にご協力いただいたみなさま

ミニマリスト　ぽかりさん
ブログ「できる防災」
http://pocari.blog.jp

NPO法人ママプラグ
代表　冨川万美さん
http://www.active-bousai.com

空港保育園
園長　平城まきさん
主任　外村智恵さん

九州 AST 気功クリニック
院長　一村哲生さん
心理カウンセラー　三浦佑子さん
http://bs-kenkou.com

NPO法人日本防災士会
常任理事 橋本茂さん
http://www.bousaisikai.jp

アベナオミのおすすめ情報

わたしが影響をうけたミニマリストさん

ミニマリスト　おくまさん
ブログ「私の小さい暮らし」
http://www.okumalife.com

ミニマリスト やまだ めがねさん
ブログ「ミニマムな暮らし 1LDK」
http://minimum1ldk.blog.jp

ミニマリスト　セリさん
ブログ「シンプルライフブログ」
http://simple-beauty-life.com

東日本大震災の体験談がぎっしり詰まった本

「被災ママ 812 人が作った　子連れ防災手帖」
つながる .com 編

この本で紹介した商品など

充電式クリーナー
株式会社マキタ
http://www.makita.co.jp

ル・クルーゼ
ル・クルーゼ　ジャポン株式会社
https://www.lecreuset.co.jp

イケア
※ 2011-2016 年現在販売されいてる商品をピックアップしています。
イケア・ジャパン株式会社
http://www.ikea.com/jp/ja/

坊ちゃん石鹸
株式会社畑惣商店
http://www.botchan-sekken.jp

スキナベーブ
持田ヘルスケア株式会社
http://www.babycare-net.com

タブトラッグスなど、本書で紹介している商品は、ホームセンターやネットショップなどでお買い求め頂けます。

アベナオミ
イラストレーター。防災士。宮城県出身、在住。2児の母。日本ビジネススクール仙台校（現在の日本デザイナー芸術学院仙台校）卒業後、地域情報誌編集部でグラフィックデザイナーをしながらイラストレーターとしても活動を開始。2010年に漫画家としてデビュー。2011年に東日本大震災にて被災し、そのときの様子や防災を伝えるコミックエッセイなどを執筆。被災体験をもとに、本当に必要な防災、続けられる防災に取り組む。
ブログ「うさぎとお絵描き」http://illustrator-abe-naomi.blog.jp

ブックデザイン　萩原弦一郎（ISSHIKI）
DTP　二階堂龍吏（くまくま団）
作画協力　フジカワカズミ
編集協力　田口絢子
構成・編集　MARU

被災ママに学ぶ
ちいさな防災のアイディア40
東日本大震災を被災した
ママ・イラストレーターが
3・11から続けている「1日1防災」

2017年2月21日　第1刷発行
2024年2月19日　第11刷発行

著　　者 —— アベナオミ
発 行 人 —— 土屋　徹
編 集 人 —— 滝口勝弘
企画編集 —— 亀尾　滋
発 行 所 —— 株式会社Gakken
〒141-8416　東京都品川区西五反田2-11-8
印 刷 所 —— 中央精版印刷株式会社

この本に関する各種お問い合わせ先
本の内容については、下記サイトのお問い合わせフォームよりお願いします。
https://www.corp-gakken.co.jp/contact/
在庫については　Tel 03-6431-1250（販売部直通）
不良品（落丁、乱丁）については　Tel 0570-000577
学研業務センター　〒354-0045 埼玉県入間郡三芳町上富279-1
上記以外のお問い合わせは　Tel 0570-056-710（学研グループ総合案内）